名师名校名校长

凝聚名师共识
回应名师关怀
打造名师品牌
培育名师群体

湖南省教育科学"十四五"规划2022年度课题
"新时代县域小学思政教育与学科教学融合
实践研究"（ND227852）研究成果

心栖梦归处

一位小学青年教师的教学教研成果集

刘娟 ◎ 著

中国出版集团　现代出版社

图书在版编目（CIP）数据

心栖梦归处：一位小学青年教师的教学教研成果集 /
刘娟著. —北京：现代出版社，2022.12

ISBN 978-7-5231-0173-5

Ⅰ.①心… Ⅱ.①刘… Ⅲ.①小学—教学研究—文集

Ⅳ.①G622.0-53

中国版本图书馆CIP数据核字（2022）第256063号

心栖梦归处：一位小学青年教师的教学教研成果集

作　　者	刘　娟
责任编辑	王　羽
出版发行	现代出版社
地　　址	北京市安定门外安华里504号
邮政编码	100011
电　　话	010-64267325　64245264
网　　址	www.1980xd.com
印　　制	北京政采印刷服务有限公司
开　　本	710mm×1000mm　1/16
印　　张	10
字　　数	160千字
版　　次	2022年12月第1版　2022年12月第1次印刷
书　　号	ISBN 978-7-5231-0173-5
定　　价	58.00元

第一辑 向着阳光生长

第二辑 悉心剪裁枝叶

第三辑　朝向深处扎根

第四辑　聆听花开之声

第五辑　收获果实清芳

向着阳光生长

教学是一门艺术，而艺无止境。教学艺术不在于传授本领，而在于激励、唤醒与鼓励。教师应选择最佳引导方式，优化课堂结构，坚持培养学生的批判精神和缜密的逻辑推理能力，鼓励学生敢于质疑，最后抵达青出于蓝而胜于蓝的境地。教师堪比阳光和雨露，在希望的田野上，所有幼苗都向着阳光生长。

浸润数学文化　促进深度学习

　　党的十八大以来，以习近平同志为核心的党中央高度重视中华优秀传统文化的传承发展，始终从中华民族最深沉精神追求的深度看待优秀传统文化，从国家战略资源的高度继承优秀传统文化，从推动中华民族现代化进程的角度创新发展优秀传统文化，使之成为实现"两个一百年"奋斗目标和中华民族伟大复兴中国梦的根本力量。习近平总书记做出的一系列重要论述，为传承和创新发展中华优秀传统文化指引了方向。数学文化是数学的重要组成部分，当然也包括我国优秀的数学传统文化。因此，我们在数学教学中，要从数学文化的高度审视教学内容、设计教学方法。我将从以下四个方面与教师们分享。

一、国内外专家对数学文化的思考

　　近年来，数学文化研究得到了国内外数学家、教育家的关注。

　　美国数学家怀尔德曾在《数学概念的演变》和《作为文化体系的数学》中提出了"数学文化"概念以及相关理论体系。他认为，任何数学概念、数学理论都有其产生的根源与发展的轨迹，都可能在一定的条件下或消失，或加强，或融合。数学不是先验的真理系统，它是一定文化背景下人类的精神创造物，具有人性特征和文化特征。

　　李大潜院士认为，数学是一种先进的文化，是人类文明的重要基础。它的产生和发展伴随着人类文明的进程，并在其中一直起着重要的推动作用，占有举足轻重的地位。

　　胡世美院士认为，数学是文化的一种，数学跟思维的关系更密切一些……数学不仅追求真，还追求善、追求美。

张奠宙教授认为，我们应该实现数学文化和人类文明的整合，要搞清楚数学的文化背景，搞清楚数学成就的文化价值，把数学结果的文化品位发掘出来，用文化的视野来看数学，用数学的眼光来看文化，发展现代数学，弘扬世界的文化。

《射雕英雄传》中多处故事情节涉及古代数学的内容，如开平方、四元术、幻方（最简单的是九宫格）、鬼谷算等，且这些数学内容被赋予了变幻莫测的武侠色彩。例如，书中有面对瑛姑的挑战，黄蓉不仅复述了"九宫者，即二四为肩，六八为足，左三右七，戴九履一，五居中央"的描写，还有黄蓉把四阶幻方的口诀一字不差地说了出来的刻画："以十六字依次作四行排列，先四角对换，一换十六，四换十三，后以内四角对换，六换十一，七换十。这般横直上下斜角相加，皆是三十四。"展现了金庸深厚的数学功底。

当代作家王蒙在《王蒙自述：我的人生哲学》一书中曾赞誉最高的诗是数学。很多人觉得言之莫名其妙。我感觉，最高的数学和最高的诗一样，都充满了想象，充满了智慧，充满了创造，充满了章法，充满了和谐，充满了挑战。

二、数学文化在小学数学教材中的体现

《义务教育数学课程标准（2011年版）》（以下简称"课程标准"）明确提出"数学文化作为教材的组成部分，应渗透在整套教材中"，在"教材编写建议"中也指出：教材可以在适当的地方介绍有关的数学背景知识（数学家的故事、数学趣闻与数学史料）。数学文化不仅在课程标准中有所体现，而且已经渗透到中小数学教材，在现行的人教版小学数学教材中，每册都安排了"你知道吗？""小思考""综合与实践"等板块，多安排在章末或者练习题末。选材包括数学史、数学应用、数学思考等方面，目的是便于课程设计和实践。

例1：六年级上册的综合实践活动"有趣的平衡"和"设计运动场"可以帮助学生在运用数学知识解决问题的过程中体会数学文化。

例2：各年级各册中在章末或课后会有"你知道吗？"，都讲到了我国古代的数学著作《九章算术》。比如，五年级下册第30页"方自乘，以高乘之，即积尺"，向学生讲解了求底面为正方形的长方体体积的方法。

例3：六年级下册第4页"正算赤、负算黑"这个《九章算术》中的红色表

示正数、黑色表示负数的规定，对于小学数学学习起到了直观的记忆效果。这就是教材中凸显的数学文化。

三、以数学文化促深度学习

为什么要把数学文化融入课堂教学？为了实现深度学习。当前课堂的三大通病是：以讲代教、以听代学、以练补学。而在西方教育家眼中，"中国教学的真正问题是：一言堂，大班额，低认知水平"。一言堂随着课改在大改，大班额随着督导的深入已经消化，而低认知水平的现象还存在。与低认知学习相对的是高认知学习，即"深度学习"。那什么是深度学习呢？教师引领学生接受富有挑战的学习任务，使学生获得发展的有意义的学习过程，从而使学生更好地掌握核心知识，把握学科本质，形成内在学习动机、积极的情感态度和正确的价值观，最终成为优秀的学习者。

我们通过以下案例来讲解深度教学。

例4：在苏教版六年级下册"解决问题的策略"——假设策略学习的基础上，给学生引入经典例题"鸡兔同笼"问题，进一步拓展学生的数学思维。第一种方法"画图法"数形结合，以画促思，更好地帮助学生理解题意，同时激发学生学习兴趣，帮助学生理解算理，为学生深度学习打基础。

有些学生提出用上学期学过的列表法或列举法解决问题。学生提出：有这么多鸡和兔，我们岂不是得画很多蛋，列好久的表。学生讨论后会发现这两种方法都有一定的局限性。于是承上启下引出"假设法"，水到渠成地达到抛砖引玉的目的——引出假设法。第一种假设全是鸡，我们给它起了一个有趣的名字叫"兔子投降法"，同学们亲自演示体验；第二种假设全是兔，以"鸡用双拐法"这一活动进行，学生趣味演示，在快乐学习中进一步理解算理，培养学生核心素养，将深度学习落实到教学中，此时采用面积法，数形结合讲解，让学生进一步体会多出来的腿就是每只鸡多算两条腿，多出来的腿数除以2，就是鸡的只数。

最后，用方程解决"鸡兔同笼"问题，未知数可以设鸡，也可以设兔，根据数量关系：鸡×2+兔×4=94，列出方程。学会多种方法后进行梯度训练，体会数学知识在日常生活中的广泛应用，培养学生的探究意识和思考能力，激发学生学数学、用数学的兴趣。整节课的教学设计由浅入深，引发学生深度思考，不断提升学生解决问题的能力。

例5：在人教版六年级上册"圆"一课中讲到同一圆所有的半径都相等。可以引入墨子在《墨经》中的记录。早在2000多年前，我国古代就有了圆的精确记载："圆，一中同长也。"用现代白话文解释为：圆，只有一个中心，从圆上各点到圆中心的距离都相等。我国古代这一发现比西方早了1000多年。"一中同长"短短四字，内涵非常丰富，它再次彰显了中国语言和古老文化的魅力。在孩子们深度学习数学知识的同时，渗透数学文化。有文化的积淀，才能让学生更深入地了解数学知识。

数学文化与深度学习的理念存在内在关联，深度学习具有高阶认知、情境迁移、问题解决、反思批判和创造思维等典型特征，数学文化是学生生成深度学习的良好载体。

著名数学教育家张奠宙先生说：进入21世纪之后，数学文化的研究更加深入。一个重要的标志就是数学文化走进中小学课堂，渗入实际数学教学。因此，教师在教学中充分开展数学文化教学，能更好地激发学生学习数学的兴趣，拓展学生的视野，提高学生的民族自豪感，帮助学生认识数学、学习数学和应用数学，对培养学生的学习能力、实践能力和创新能力具有积极作用。

四、数学文化融入课堂教学

对数学文化的理解，很多老师似乎停留在讲数学史、数学家故事这个层面上。历史课经常讲文化，但数学课落实数学文化与历史课上讲的文化肯定是不同的。那么，数学文化该如何融入课堂教学呢？

例6：

圆周率

在讲圆周率时，绝大多数老师要讲祖冲之、刘徽，要讲我国得出圆周率的数值比西方早多少年。这当然是文化的内容之一，也是历史课中讲过的。数学课，数学文化就要从理性的角度思考了。

《周髀算经》中记载"周三径一"，也就是说 $\pi=3$。既然已经有了圆周率的结论，为何后续还有3.14、3.14159等数值呢?

人们探索圆周率的历史，就是不断追求数学理性思维的过程。

教学时，可以从周三径一开始。教师提问："古人说，圆的周长是3分米，那么直径是1分米，你信吗?"学生量、计算，发现直径比1分米多。由此展开教学，引出圆周率概念，实验得出圆周率比3大，比4小。人们不满足得到的是3.14，继续不断研究，祖冲之得到的结果是介于3.1415926和3.1415927之间，刘徽则利用割圆的办法求圆周率。

现代人利用计算机，还在继续研究。

例7:

圆周率的计算

2011年10月16日，日本长野县坂田市公司职员近藤茂利用家中电脑将圆周率计算到小数点后10万亿位，刷新了2010年8月由他创下的5万亿位吉尼斯世界纪录。56岁的近藤茂使用的是自己组装的计算机，从10月起开始计算，花约一年时间刷新了纪录。3被改进成精确到小数点后10万亿位的小数。假设1秒读1位数，一个人不分昼夜地读完这天文般的数字要花30多万年。若将它们全部写到厚0.1毫米的纸上，每张纸上写1万位，这些纸堆起来将比10座珠穆朗玛峰还高。

人们对圆周率的追求，正是数学文化理性的体现。学生了解了圆周率的探索历史，感受到只有理性才能促进知识的发展，文化的进步!

例8:

图案欣赏

在教图形运动时，老师们或在课的开头，或在课的结尾，展示精美的各种图案给学生欣赏。这样做，无可厚非。但是，在欣赏之余，似乎还缺少点理性支撑。所有的图案都是依据一定的数学原理设计的。

图1-1是两个简图，可以看作分别由一个曲线部分旋转而成的图形。许多复杂的图案都是由一个简单图案，经过反复旋转、对称或平移得到的。古希腊数学家毕达哥拉斯说："在一切平面图形中，圆是最美的。"在我们生活的每

个角落，圆都扮演着重要的角色，并成为美的使者和化身。

由此可见，在教学时，不能停留在"好看"上，而是要寻找图案中蕴含的数学道理，以使学生在惊叹于图案之美时，更能感受到数学之神奇。鼓励学生在生活中运用数学知识，发现数学文化，培养学生联动生活与数学的能力，达到数学教学的真正目的。

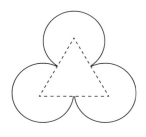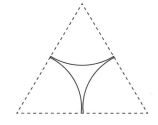

图1-1

因此，数学文化的理性应包括以下内容。

对真理的追求。例如，哥德巴赫猜想，从古至今，数学家孜孜不倦地寻求其证明的方法。

对真理的发展。圆周率发展的历史、斐波那契数列性质的探求，都体现了人们对真理不断发展的历程。

对问题本质的探寻。数学的本质是抽象、统一。匀速直线运动、自由落体运动、牛顿第二定律、动能定理等，都可以用二次函数来描述。

下面通过案例来讲解如何巧用数学故事渗透数学文化。

爱听故事是小学生的天性，我们可以在理性的数学知识中加入感性的数学故事，让学生在听故事的过程中感受数学知识、渗透数学文化，从而打开学生的数学视野。

例如，在教学"比例的意义"时，首先问同学们是否知道"黄金比"，接着用课件播放配乐短片，短片内容有黄金比的知识简介以及黄金比在建筑、造型艺术、图画构图、动物及人体、芭蕾舞表演中的应用和体现。

教师讲述：黄金分割比为0.618，是一个极为迷人而神秘的数字，被公认为最具有审美意义的比例数字，它还有一个很动听的名字——黄金分割率。它是古希腊著名哲学家、数学家毕达哥拉斯于2500多年前发现的，古希腊数学家欧多克索斯第一个系统地研究了这一问题，并用线段形象地表示出了黄金比：整体与较长段的比等于较长段与较短段的比，其比值为1：0.618或1.618：1，即长段为全段的0.618。古往今来，黄金分割一直被后人奉为科学和美学的金科玉律。在艺术史上，几乎所有的杰出作品都不谋而合地验证了黄金分割率，无论是古希腊帕特农神庙还是中国古代的兵马俑，它们的垂直线与平线之间竟然完全符合1：0.618的比例。黄金分割奇妙之处，在于其比例与其倒数是一样的：1.618的倒数是0.618，1.618：1与1：0.618是一样的。如今设计大师与艺术家们利用这一规律，创造了许多令人心醉的建筑和无价的艺术珍品。德国天文学家开普勒称，几何学中有两件瑰宝，一个是毕达哥拉斯定理，另一个便是黄金分割。更令人惊异的是，经研究发现，管弦乐器在黄金分割点上奏出的声音最悦耳。

在学生感叹数学的奇妙时，教师可以这样提示：请放眼东方，中国比例算法出现得很早，它产生于远古时的物物交换，那时候称它为"比率"或简称"率"。在我国最古老的数学专著《九章算术》中，有"粟米""衰分""均输"三章专讲有关比率的各种算法，包括现在称作正比例、反比例、等比例的问题。《九章算术》早就系统地介绍各类比例方法，堪称世界之最！

也许这些内容小学生并不能完全理解，但他们对这个"比"不会淡忘。数学文化走进课堂，渗入数学教学，学生在学习数学的过程中产生文化共鸣，体会数学的文化品位。不得不说，数学文化让我们的课堂变得更有魅力。

又如，在"用数对确定位置"一课的导入中用课件引入：天花板上，一只小小的蜘蛛从墙角慢慢地爬过来，吐丝结网，忙个不停。从东爬到西，从南爬到北。一只小小的蜘蛛，要结一张网，该走多少路啊！看到这里，你想到了什么？

法国一位伟大的数学家笛卡儿，从数的角度研究图形问题，他又是如何计算蜘蛛走过的路程呢？他先把蜘蛛看成一个点，那么这个点离墙角、墙的两边又有多远？这就是我们这节课所要研究的内容——确定位置。把这个数学小故事引入课堂，使学生触摸到数学冰冷外衣下的鲜活，了解到数学的丰富和神奇，感受到数学知识的产生或许就是我们身边一个不经意的生活片段。

在接下来新知的学习中，引导学生继续探索：天花板上，小小的蜘蛛还在爬，离两边墙的距离一会儿远些，一会儿近些……要想知道蜘蛛走过的路程，我们就要知道蜘蛛和两墙之间的距离关系，也就是确定蜘蛛的位置。

全课总结可以这样做：今天经历了一个了不起的发现过程，这也是法国数学家笛卡儿创造解析几何学的过程，首次用数形结合的方式将代数与几何联系起来，使几何概念能用数来表示，几何图形也可以用代数形式来表示。数形结合能解决许多问题，就让我们用新的眼光看待我们的数学吧！

这些数学故事都渗透着数学文化的气息，借助数学故事可以激发学生学习数学的主动性，让学生感受到数学也是多姿多彩的，使学生更加热爱数学学习。

当数学文化浸润数学知识，进入课堂，融入教学时，我们的数学课堂就充满了生机与活力，就会通过文化层面让学生理解数学、爱上数学。因此，教师要在教材中捕捉到有价值的数学文化，服务于教学，服务于学生，使每个孩子提升素养。

一堂好课重在选好例题

一节课用几个例题好？选什么样的例题？虽然这是老师们教学中司空见惯的问题，却很有研究的必要。学生基本知识的获得、基本技能的掌握、数学素养的形成，无不与教师对例题的讲解有关。张奠宙教授认为，一个好例子胜过一打名言。例题数量不在多，重在质量。例题选择要根据课的教学目标、知识难易程度、方法掌握等方面来定。一般从以下几个方面把握。

一、例题难易程度要恰当

培养学生解决数学问题的能力，要求教师选取的例题难易程度恰当。例题如果太容易，难以达到培养能力的目标；如果太难，学生一下难以听懂，更不知从何处开始思考，就会失去例题的价值。因此，不论是新授课、习题或是复习课，例题的难易程度都要恰当。尤其是新授课的例题，是以掌握知识为目标，应该选择难度小的题目。如果难了，大多数学生听不懂，久而久之，数学学困生就出现了。因此，把握好例题的难易程度，使每个学生都能参与到学习中，这是老师们首先应当关注的。

二、例题思路开阔

数学教学的核心是培养学生的思维能力。思维能力的培养需要具有思维含量的题目作为载体。因此，要选用思维含量大、体现所学知识以及书本上已有通法的题目作为例题。换言之，就是选择的例题应有多种解答思路，适合不同思维层次的学生，以便绝大多数学生能够理解并掌握。

例如，图1-2是四个书柜，你能很快说出四个书柜里书的数量哪个多，哪个少吗？说说你的想法。

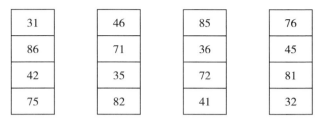

图1-2

解答这道题，常见的方法就是将四个书柜里的数分别加起来再看结果。一般学生都不难解答。而一些思维活跃的学生则会思考："这样四组数分别相加，多难算，有没有不难算的方法？"学生观察这四组数，发现这些数尽管个位、十位不同，但每组数中个位上的数都是1，2，5，6，十位上的数都是3，4，7，8，所以每组数的和是相等的，即四个书柜里书的数量相等。

三、多选取趣味性强的例题

培养学生的数学思维能力，需要教师选取学生感兴趣的素材作为例题，让学生积极主动地思考。趣题是例题的来源之一。教师可以根据所教内容选取相关趣题，将其改编成适合学生的例题。学生们学习时兴趣浓，积极性高，思维也容易动起来。

例如，教列举法时出示这道例题：两只猴子分一堆桃子，怎么分也不能平均分，就都去睡觉了。晚上，第一只猴子偷偷起来，先藏了1个，然后将桃子平均分为2份，拿走了自己的一份。第二只猴子来了，也先藏了1个，然后将桃子平均分为2份，拿走了自己的一份。这堆桃子至少有多少个？

教师引导学生从桃子数是1开始试验。如果是1个，显然不符合要求。如果是2个，第一只猴子藏了1个，还剩1个，不能平均分。如果是3个，第一只猴子藏了1个，还剩2个，平均分成2份，每份是1个，第二只猴子先藏1个，剩下1个无法平均分。如果是4个、5个、6个桃子，按照规则，都不符合要求。当试验到7个时，符合要求。所以至少有7个桃子。

这道题是根据李政道先生1979年访问中国科学技术大学少年班大学生时出

的"五猴分桃"题改编的。将五只猴子改为两只猴子，目的是训练学生运用列举方法解题。

四、适当选用开放题

开放题教学是我国数学基础教育成功的经验之一。开放题在培养学生数学思维方面有独特的作用。比如，学生解题时要使答案全面，就要善于分类；要使答案有独创性，就要具有批判性思维。在教学中，适当选用开放题，可以改变单一的训练方式，提高训练效率。

例如，在20以内加减法的练习课中使用开放题，既可以避免大量重复的机械练习，又能够促进学生的思考。教师出示题目9□2□1=□，要求在□内填上+或−，并计算结果。学生理解题意后独立练习，得到算式：9+2+1=12，9+2−1=10，9−2−1=6，9−2+1=8。这样，学生在解题的过程中不仅加深了对加减法的认识、对运算顺序的理解，对计算方法的运用也更熟练。

数学核心素养的培养，必须要落实到课堂教学的具体行动中。例题选好了，行动落实才有基础。

三角形内角和教学体会

教学是一门艺术，教育家第斯多惠说过："教育的艺术不在于传授本领，而在于激励、唤醒和鼓励。"教师在教学中选择最佳引导方式，优化课堂结构，坚持培养学生养成数学批判精神和缜密周详的逻辑推理能力，鼓励学生对书本的质疑和对教师的超越，从而最终实现教学的"再创造"。我根据三角形内角和教学步骤总结了一些体会，具体如下。

前人对欧几里得第五公设平行公理的怀疑，产生了数学的分支——非欧几何。而三角形内角和与平行公理是等价的，这是非常难得的培养学生批判精神的教学材料。教师要合理对待教材上提出的方法、得到的结果，这恰恰是三角形内角和教学的精髓所在。

一、量内角，算内角和，可信吗

在引入新课内角和后，每个学生自己画一个三角形，并量出每个内角的度数，然后将三个内角度数加起来。学生汇报三个内角和的度数，大致是170°多一点或180°多一点，很少会有恰好是180°的。

教师提出问题：你相信自己的结果吗？相信别人量得的结果吗？

学生开始只能简单回答"信"或者"不信"，不能分析原因。也会有学生举例，一副三角尺上的度数是90°，45°，45°；90°，30°，60°，分别加起来恰好是180°。其实，三角尺不是几何图形，而是实物。由于是实物，那么三角尺上的度数是做出来的，会是几何上说的度数吗？

至此，学生隐隐约约感到量出的三个内角的度数可能会不准确，有必要怀疑三个内角度数的和是180°。这时，一时也找不到更好的说明方法，证明三个内角和确实是180°。这样，认知冲突就产生了，理性思考的欲望在量中萌芽，虽然没有解决的办法，但可贵的批判精神由此而生。

其实，在学生量出三角形的角后，很多老师会说，三角形内角和是180°，大家量的时候有误差，加起来不会正好是180°。如果这样的话，就丢掉了培养学生批判精神的好机会。

这时，教师应该这样引导学生思考：大家量角度肯定不那么准确，原因可能是量角器没放好，读数有偏差，有的甚至画三角形时，边不够直，等等。但是，三角形内角和确实是180°，你相信吗？你可以不相信，也可以相信。下面，我们换一种方法，看能不能得到三角形内角和是180°的结论。

二、剪拼内角，凑成平角，理由足够吗

教师引导学生想：看到180°，你想到了什么？

肯定有学生说，想到了平角是180°，想到了两个直角的和是180°。这时，学生再画一个三角形，将两个角剪下来，与第三个角拼在一起，看看是不是拼成了平角。

确实拼成了平角。这时，可能会有学生提出：在拼的平角中，角的边之间也可能不会完全重合，精确度还是值得怀疑！教师应该表扬这类学生的想法，这个怀疑有道理，因为毕竟是操作得到的。从另一个角度看，虽然是拼成的平角，也确实有学生说的现象存在，但是，至少三个内角之和与180°比较，相差应该是非常小的。如果相差很大的话，也不可能拼成平角，前面量得的度数加起来也会与180°相差得比较大。两种不同方式，同时指向了三角形内角和即使不是180°，也会与180°非常接近。

至此，教师可以问前面怀疑的学生：现在你相信三角形内角和是180°吗？可能有些学生表示不怀疑了，可能还有部分学生还是怀疑，因为把角剪下来拼的平角，难免还是有偏差的。教师应肯定学生的想法，让学生继续保留怀疑。

三、电脑测量，减少怀疑，增加可信度

在前面两步的基础上，还有部分学生怀疑三角形内角和是否为180°。教师利用几何画板测量三角形的三个内角，发现总是180°。这时，教师问：你们相

信电脑测量的结果吗？绝大部分人是相信的，可能还有人认为：电脑也是量出来的，只不过做得很精确，以致有点偏差也看不出来。

教师要点赞这些学生的想法：怀疑的精神值得学习。三角形内角和经过证明，确实是180°。你现在可以不相信，到了初中，学了推理，就可以相信了。

四、三次操作，存疑释疑，批判精神可嘉

经过前面量、拼、电脑量这三个步骤，从不同方式验证三角形内角和是180°，也是告诉学生要怀疑一个事物的正确与否，必须要有充分的理由，要有适当的方式证明自己是正确的。限于现有的知识，学生们还无法有充分的理由说明三角形内角和确实是180°，有待以后可以证明这个结论是正确的。从上面的教学过程中发现，数学教学要重视学生理性精神的培养，而不仅仅关注知识点的教学。

数学广角应重视思考方法的教学

数学广角不是某个特定知识点的教学，而是开阔学生视野、训练数学思考方法的内容。因此，数学广角的教学应该多从思考方法上做文章，突出思考方法的训练。

例1：

找次品

很多老师注重从物品个数是3的倍数开始，将物品平均分为3份，经过一系列的过程，得到找出次品所需要的最小次数。而对物品个数不是3的倍数的，则一带而过。这样教学存在的问题主要是急于得到结论，学生没有思考平均分为3份是怎么来的，为什么分3份时需要的次数是最少的。要解决这些问题，老师应当加强思考方法过程的教学，让学生在过程中体验方法。本文提供两种教学思路供老师们参考。

思路1：从物品数是2开始试验（次品轻一点），直至找到规律。

（1）当物品数是2时，显然1次就可找到次品。

（2）当物品数是3时，天平每边放1个，剩下1个。若天平平衡，剩下的那个就是次品；若天平不平衡，轻的那个也一看就能找出。因此，总共需要1次就可以找出次品。

（3）当物品数是4时，有两种找出次品的方法。

第一种方法是天平每边放2个，轻的一边中必有一个是次品。这样就转化为第（1）种情况。总共需要2次找到次品。

第二种方法是每次天平每边放1个，显然2次就可以找到次品。

因此，当物品数是4时，找到次品最少需要2次。

（4）当物品数是5时，有两种找出次品的方法。

第一种方法是天平每边每次放1个，2次可找出次品。

第二种方法是天平每边每次放2个，也是2次可找出次品。

因此，当物品数是5时，找到次品最少需要2次。

（5）当物品数是6时，有三种找出次品的方法。

第一种方法是天平每边每次放1个，3次可以找出次品。

第二种方法是天平每边每次放2个，2次可以找出次品。

第三种方法是天平每边每次放3个，2次可以找出次品。

因此，当物品数是6时，找到次品最少需要2次。

……

这样继续试验下去，学生会提出问题：老师，如果物品数是100个、1000个，怎么办呀？还这样试验吗？学生提出这样的问题，正是我们教学所需要的。思路1的设计就是基于学生对前面提出的问题的思考，以便学生亲历解决问题的过程。在解决问题过程中，学生经历试验、观察、归纳、验证等思维环节，从而得到真正的思维训练。

思路2：1000个物品中有一个轻一点的次品，最少要用几次找出这个次品？

这个思路对学生思维水平层次比较高的班级适用。学生看到1000这么大的数，必然会惊异，1000个怎么找呀？一个一个地找，要找多少次呀？肯定不行！需要另外想办法。由此引发学生的思考，即思维从此被引发。如何想办法？退！退到最简单的情形——2个、3个、4个……这样就回到思路1，从中找出规律。这个规律就是从很多的试验中发现，当天平一边放的个数与剩下的个数相差越小时，所找出次品的次数就越少。这个结论必须有足够的试验次数，仔细分析每次天平一边所放个数与剩下个数之间的关系后才能发现。

例2：

烙　饼

据说有些老师上烙饼这一课时，带着锅子进课堂，现场演示烙饼给学生看。也有老师按照饼的个数，分偶数张与奇数张分别讨论，还编出了儿歌要学生记忆。可谓办法想尽，就是没想到如何教给学生思考问题的方法。数学课的最大特征就是数学思维的培养，也就是说，教给学生思考问题的方法。

我们来分析如何使烙饼所用时间最少的办法。只有锅里每次都有2张饼，才能使所用总时间最少。当饼是偶数张时，容易解决，即每次烙2张，正反面烙就行了。如果是奇数张饼，似乎不好办了，学生的困难也在这里。我们换个角度思考，前面是从饼的张数上考虑，如果从饼的面数上考虑，那么，不管是偶数张饼还是奇数张饼，总面数都是偶数。例如，6张饼有12面，5张饼有10面。每次都是烙两个面，显然，6张饼烙6次，5张饼烙5次。这样就统一到面数上了，学生就非常容易理解了，也不需要分偶数张与奇数张了。这就是数学思维在起作用，而不是单纯靠操作来解决。

从上面两个案例可以发现，数学教学要培养学生的思维能力，关键在于老师要设计能够引起学生思考的问题，并且问题要便于学生思考。问题容易了，没有思考的价值；问题难了，学生思考不了，也没有思考的价值。特别是数学广角的教学，更应该从问题入手，引导学生思考，注重在过程中教会学生思考的方法。

巧用旧知学新知

数学课程标准要求教学时充分运用学生已有的知识与经验进行新知识的学习。这是从教学实践经验中总结的理论。事实上，数学课本上的知识一般都是循序渐进地安排的。那么，原有的知识就是学习新知识的基础。这样，学生就不会对每天学习的知识感到陌生、恐慌，而会觉得每天学习的内容是在原来知识的链条上增加一颗珠子。日积月累，链条越来越长，知识也就联系起来了。这就是我们通常所说的形成知识结构。由此可见，运用学生已有知识或经验教学，值得老师们重视，也值得在教学中运用。

例1：

倍的认识

分析：乘法口诀其实就是倍的内容，这是学生熟练掌握的知识。教学就以乘法口诀为教学起点，逐步展开。

第一步：根据乘法口诀，引出"倍"的概念。

教师从四九三十六，$4×9=36$，得出36是4的9倍，也可以说36是9的4倍。学生举例并仿照这种形式说一说，如$7×8=56$，56是7的8倍，56是8的7倍。

这样引入"倍"，学生一点都不陌生，更有亲切感。

第二步：看图、画图表现"倍"。

出示图1-3：图中下一行的△是上一行△的多少倍？你是如何想的？

学生很快想到两种思路，一是下一行有3个圈，上一行有1个圈，那么下一行的△是上一行的3倍。二是上一行有2个△，下一行有6个△，那么下一行的△是上一行的3倍。用式子分别表示为：$3÷1=3$，$6÷2=3$。

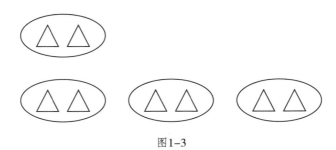

图1-3

　　用图示表示两个数（量）之间的倍数关系，一看即明，学生易懂。从两种思路中发现，画圈是个好办法，可将倍数关系直接体现出来。

　　第三步：用算式计算与倍有关的数。

　　经过乘法口诀、图示两个环节教学，学生对倍有了初步认识。至此，需要用算式表达、练习倍的问题。例如，5的3倍是多少？28是7的几倍？

　　学生对有图的倍数关系，还容易想到如何解决，但对这样的文字表述，一时难以适应，必须通过适当的训练题才能达到理解倍的目的。教师可以根据列出的式子，请学生说说算式中谁是谁的几倍。例如，$5 \times 3=15$，表述为5的3倍是15，也可以说15是5的3倍。

　　从乘法口诀到倍，只是算式中各个数名称的改变，数学的本质意义没有改变。抓住了这一点善加引导，学生以乘法口诀这个非常熟悉的内容为切入点，就可以自然进入"倍"的学习中。

　　例2：

平行四边形面积公式的推导

　　对于平行四边形面积公式的推导教学，我采用了一个特殊的教学方法。

　　首先，出示一个平行四边形，问：它的面积是多少平方厘米？解决的办法要从求面积的已有方法中去寻找。已有方法只有数格子、长方形面积公式。长方形面积公式是数格子得出的，那么平行四边形面积就要进一步推导了，想办法把平行四边形转化为长方形就可以了。

　　如何将平行四边形转化为长方形？如图1-4所示。

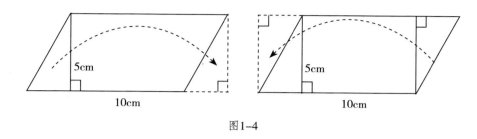

图1-4

这样就可以计算出平行四边形面积是$10 \times 5 = 50$（cm^2）。

其次，推导平行四边形面积公式。由上面的转化图很容易得到：平行四边形的底是长方形的长，高是长方形的宽，平行四边形面积=长方形面积，也就是：平行四边形面积=底×高。

推导了平行四边形面积公式，今后可以将其作为工具使用，用来推导其他面积公式，如三角形面积、梯形面积、圆面积公式，如图1-5所示。

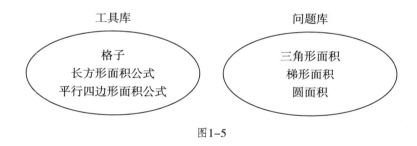

图1-5

数学学习是一个"前赴后继"的过程。旧知识换一种表述，进行形式上的变换，或者添一点新元素就成为新知识。

估算要讲道理

人教版小学数学教材三年级上册万以内的加法和减法（一）内容中有这样一道题。

例1：巨幕影院有445个座位。一到三年级来了223人，四到六年级来了234人。六个年级的同学同时看巨幕电影坐得下吗？

提供教材上的分析与解答。

先求出六个年级的总人数，223+234得多少呢？

223大于200，234也大于200，223+234一定大于400，但还是不能确定是否大于445。

把223看成220，把234看成230。

223>220，234>230，220+230=450，223+234一定大于450，坐不下。

老师基本上是按照教材提供的思路进行教学的，但是对其中的理论依据没有做探讨，只停留在表面模仿上。

先看男孩的回答。223>200，234>200，两不等式相加，得223+234>200+200=400。大于400就一定大于445吗？显然不一定，所以不能确定能不能坐得下。

将上面的过程用不等式表示为：若$a>b$，$c>d$，则$a+c>b+d$。也就是说，同向不等式可以相加。

若$m>c+d$，一定有$a+b>m$吗？不一定，很容易举出例子来。例如，只要将上面的443改为$465=m$，$461>400=c+d$，但$a+b=223+234<465$，并不是$a+b>m$。

再看女孩的回答。223>220，234>230，两不等式相加，得223+234>220+230，即223+234>450。而450>445，所以坐不下。

将上面的过程用不等式表示为：若$a>b$，$c>d$，则$a+b>c+d$。如果$c+d>m$，则$a+b>m$。

教学中，还有老师这样教：将223估成220，234估成240，220+240>445，所以坐不下。

结论看起来是对的，其实解法是错误的。错在哪？

将上面的过程用不等式表示为：若$a>b$，$c<d$，则$a+b>c+d$。就错在两不等式相加，$a>b$，$c<d$是两个异向不等式，异向不等式是不能相加的，只有同向不等式才能相加。

从这里看出，估算不是拼凑。有的老师由于不了解估算的道理，只要一看到能够凑成整十、整百、整千的数，又能凑出结论，就不管有没有道理了。

综合上面的三种估算方式我们不难发现，估算这样的问题实质就是不等式的简单性质的运用，如传递性：若$a>b$，$b>c$，则$a>c$。

同向不等式可以相加：若$a>b$，$c>d$，则$a+c>b+d$。

异向不等式可以相减：若$a>b$，$c<d$，则$a-c<b-d$，$c-a>d-b$。

如何培养低年级学生的学习兴趣

新课程改革中，强调形成积极主动的学习态度，使获得基础知识与基本技能的过程同时成为学会学习和形成正确价值观的过程。学习兴趣是推动学生探求知识和获得能力的动力。而对于注意力转移快、情绪变化快的低年级学生来说，在培养他们的创新、实践、探究等各项能力的过程中，兴趣显得格外重要，几乎左右着他们的一切活动，而体味到教学过程中的乐又是激发兴趣的关键。语文教师怎样才能抓住学生心理，激发其学习兴趣，使他们乐学呢？如何让"乐"融入语文教学，培养学生学习兴趣呢？我就自己的切身经验谈几点体会。

一、建立和谐的师生关系，是培养学生学习兴趣的基础

一位老师不但要有广泛的兴趣爱好和丰富的知识，而且要不失时机地在学生面前适当表现，只有这样，学生才会从心里对老师产生敬佩之情，希望自己能像老师一样，产生接近老师并与老师共同学习的欲望。老师丰富的文化知识和广泛的兴趣爱好，的确对学生具有强大的吸引力，但如老师时时高傲冷漠，处处咄咄逼人，学生便会觉得爱不能及，因而避而远之，无法建立一种和谐的师生关系。因此，课后我经常深入学生活动区，跟他们一起做游戏、讲故事、说心里话，了解学生的最新动态，遇到问题及早解决。时间长了，他们喜欢和老师在一起，遇到什么事情都想说给老师听。师生之间也越来越亲近。

教学中，教师要力求说到做到，即使做不到，也得及时说明原因，切忌空许承诺。否则，学生将对教师失去信任，教学必将失败；而信任学生，使其树立信心，对激发兴趣也是功不可没的。某同学不会说普通话，造成她与老师、

同学的交流受影响，课堂上更是怕受批评，从不发言。根据这一实际情况，我课后耐心辅导，把课堂上合适的发言机会留给她，不管她说得多慢多别扭，都耐心地倾听，并及时鼓励她。渐渐地，她不再像以前那样沉默不语了，课堂上也可常常见到她高举的小手。学生觉得老师可亲可信，便从内心把老师当作自己的知心朋友，有什么话都愿意跟老师说。老师的一言一行，一举一动，都可使学生对老师充满崇敬与喜爱，这样，建立了良好和谐的师生关系，学生就乐于参与整个学习过程。"随风潜入夜，润物细无声"，老师那亲切的微笑，爱抚的动作，信任的目光，耐心的倾听，睿智、激励的话语，灵活的教法，都将在潜移默化之下激发学生对美的追求与仿效。在教师精心营造的轻松愉快、无拘无束的氛围中，学生自然会乐读、乐说。

二、精心设计课堂，激发学生的学习兴趣

新的教学方法完全打破了旧的教学模式，改变了过去教学中以教师为主、学生为辅的局面，解放了学生的思维方式，让学生有着充分发挥想象、创造的自由空间，在此空间中，学生可以自由地探索新事物，创造新事物，不再是接受那种定式思维的"填鸭式"教学。研究式创新教学法更新了现代教育者的观念，开拓了教育者的新思路。兴趣是最好的老师，是儿童学习的强大动力，浓厚的兴趣能充分调动学生学习的积极性。在新课程的教学中，我经常发现这样的现象：如果学生对这节课感兴趣，那么他们的积极性就会充分发挥，课堂气氛就十分活跃，教学效果就大大提高。因此，我认为在新课程的课堂教学中，按照低年级学生的心理特点，教师应精心进行教学设计，来激发学生的学习兴趣。课前导语是引导学生进入新课的桥梁。引人入胜的课前导语，可以使学生的大脑皮质形成一个兴奋中心，推动学生进入积极的思维状态。例如，教人教版语文一年级上册课文2《小小的船》一文时，我在课的开始设计了孩子们喜闻乐见的猜谜游戏来导入，激发他们学习语文的兴趣。接着，调动他们的生活积累，让他们说说平时的月亮是什么样子的，并随着孩子们的介绍，展示一些精美的、有关月亮的图片，使孩子们受到美的意境感染。然后，随着音乐和画面，讲述"嫦娥奔月"的故事，激发他们学习的热情。在教学过程中，为了体会"弯弯的月儿小小的船"一句，我设计了让学生动笔画一画：弯弯的月亮什

么样；动脑想一想，在生活中还见过哪些弯弯的事物；动嘴对比读一读，体会课文描写的意境美等环节。在体会"只看见闪闪的星星蓝蓝的天"一句时，我设计了展开想象：蓝蓝的天空像什么？闪闪的星星像什么？学生体会后，再通过朗读将自己的感受读出来，课堂上让学生调动多种感官参与学习，改变了过去课堂上单一的信息交流——老师讲、学生听或老师问、学生答的局面，联系生活实际，大大激发了学生的学习兴趣。

三、选择灵活多样的教法，保持学生的学习兴趣

（一）游戏求乐

玩是孩子的天性，而游戏是孩子的喜好。在教学过程中根据教学环节，创设不同的游戏情境，针对小学生的学习情况，或把游戏放在学习新知的环节，或用游戏来巩固学生的求知欲望，等等。在新课程的语文教学中，生字教学是低年级教学的重点和难点，一节课往往要学习十几个生字，这对于学生来说确实有一定的难度，于是我就在生字的教学中融入游戏，如用"找朋友"的游戏来学习新字词，用"你来比划我来猜"的游戏来理解字词的含义，用"摘苹果"的游戏来巩固生字词，等等。在游戏中，学生没有心理压力，在愉快合作的气氛中，突破了教学重点、难点，不知不觉，既巩固了旧知，掌握了新知，又产生了丰富的联想，发展了积极的个性。

（二）竞赛求知

大家都知道低年级学生的一个显著特点就是喜欢表现自己，有一种强烈的好胜心和竞争意识，他们希望自己能受到老师和同学的信任与赞扬。在教学中，我们教师要充分利用学生的这种需求和渴望，开展"比一比""当星星""争小红花""夺金杯"等一系列学习竞赛活动，这些活动可以是个人间的竞争，也可以是小组间的竞争。活动中注意引导学生多想、多练、多说、多做，在竞赛中学习知识，增长才干，以不断提高学生的学习积极性。例如，在教学课文的朗读时，我经常采用个人赛读法和小组赛读法，促进学生更加正确、流利、有感情地朗读课文。在课后积累词语的过程中，我又用"比一比，看谁找得多"的小竞赛来提高学生的兴趣；在口语交际教学中，我又采用"说一说，看我最行"的小擂台来鼓励孩子多动口、多交流；在写字教学中，我经

常用"比一比，我是小小书法家"的竞赛来提高孩子写字的兴趣和积极性。

（三）提前起步

事实证明，对求知欲望高的小学生来说，没有困难的学习会使他们失去兴趣，他们一般不满足于"现有发展区"知识的学习，乐意向有一定难度的学习挑战。为此，可有意给这些学生布置一些较难的思考题，鼓励他们攻克堡垒，并让他们不断冒尖，从而获得更大的学习自信心，把学习变成一种乐趣。在新课程的教学中，我们发现了许多让学生课外收集资料、参加活动、制作手工、学习收集没学过的古诗等这样的作业和练习。这对低年级学生确实有一定的难度，但孩子们却做得很好，结果往往出乎我们的意料。尤其是对于能力差一些的学生，则按他们的理解能力设计一些问题，由浅入深地让他们提前接触一些以后要学的内容，待正常教学进度学到这一内容时，这类学生因有所接触而不会感到陌生，学习的兴趣和自信心会油然而生。

四、开辟第二课堂，培养学生的学习兴趣

要使学生对学习产生浓厚的兴趣，教师还应当经常引导学生开展丰富多样的课外活动。可以开展朗读比赛、讲故事比赛、书画比赛等活动，力求通过多种渠道培养学生的学习兴趣。

以上只是我在新课程教学中的几点做法和心得。相信通过我们的努力和创新，我们的孩子会真正学会学习、学会交流、学会生活，他们将会有更高的热情投入学习中去。

浅析中小学生出现行为严重失常的成因

随着社会的飞速发展，人们的生活水平不断提高，优越的物质条件和"唯孩重要"的思想，造成了部分家庭的孩子开始过上出门车来、抬腿鞋来、衣来伸手、饭来张口的生活，随即出现了中国式家庭中的家族"小皇帝""小祖宗"。近年来，少数家庭因为问题孩子而上演了家庭悲剧，特别是学生自杀事件的发生，给我们的家庭与学校教育敲响了警钟。加以认真分析，我认为中小学生出现行为严重失常往往有以下深层次的原因。

一、娱乐至死，引发学生三观不正

社会的进步，伴随着的必然有娱乐的兴起，但是，对于"明星"，我们可以不去刻意贬低，但是一定不能拔高甚至神化！不得不说，当下的社会，人们生活在一个仿佛什么都可以"被娱乐"的时代。

当国人过于重视娱乐的时候，我们离科学越来越远，一些孩子的理想是做明星而不是科学家，开始悄无声息地模仿、崇拜，人生观、世界观、价值观偏离轨道，从而行为失常。

二、方法不当，造成孩子唯我独尊

家庭是孩子成长的第一环境，家庭教育是子女受到的第一教育，父母是孩子的第一任老师，因此，家庭教育在子女健康成长过程中的重要性是不言而喻的。然而，许多家长在对孩子进行家庭教育的过程中却往往不得要领，存在不少误区，如溺爱使孩子形成唯我独尊的性格，从而影响了孩子健康成长，造成了他们在待人接物、行为举止、心理健康、社会适应等多方面失常。

在那些不当的方法里，让孩子玩手机的危害排在第一位。有些家长常常奖励孩子完成作业的方式是让他们玩手机；有些家长拗不过孩子的再三要求，掏钱给孩子购买智能手机；甚至还有些家长因为怕孩子打扰自己做事或打麻将，而将手机给孩子玩。不论哪种方式，都让孩子很快玩手机上瘾，从而埋下不利于孩子健康成长的种子。

因为手机，大批孩子早早近视，给今后的学习和生活都带来很多不便；因为手机，孩子们失去了童年、少年的许多乐趣，如打球、放风筝、捉泥鳅、郊游……正因为学生生活经历少，所以写作文写到穷途末路，没有生活气息和情趣。一次师生对话让我记忆犹新，我问一个学生："你放假在家都干些什么呀？"他说："除了玩手机就是看电视。"这样的学生，他的作文里能写出什么生活经历来呢？

自从学生爱上了手机，吃饭要捧着，睡觉要捧着，连上课都要捧着……手机可以玩游戏、聊天、购物、看电影，似乎上天下地、无所不能。于是，久而久之，就会得上手机病，理想、信念慢慢丧失，失常行为也开始萌芽……

三、抗挫空白，造成师生沟通受阻

现在的孩子普遍没有经历过挫折，所以心理承受能力差，没有面对生活困难的勇气、缺乏克服困难的决心，稍遇挫折就心灰意冷、悲观失望，甚至出现严重的失常行为，走上轻生的绝路。

所以，学校和家庭一定要重视与孩子沟通，了解孩子在想什么，平时注意孩子的言行，多对孩子进行必要的心理教育。发现不良的苗头，学校就要及时进行心理辅导和疏导，让孩子树立正确的世界观、人生观与价值观，培养孩子面对困难、解决困难的勇气和能力。我们生活的各个角落都存在着风险，让孩子经历一些小的"意外"，有利于培养他们预知和处理风险的能力。如此，才能有效防止悲剧上演，这是我们每位老师都必须思考和学习的课题。学生心理问题的解决，是社会给教育的最大挑战，不管是如履薄冰还是如临大敌，都必须花大力气去面对。

作为新时代的教师，我们应该着眼现状，放眼未来。当学生遇到困难时，我们应该尽己所能，在物质和精神上去关注与帮助他，让其尽快摆脱困境；当学生遭遇挫折时，应该及时找到他进行全方位无死角的沟通，了解他的想法，知道他的困惑，鼓励、支持、关注他；当学生考试失败时，不应该全盘否定，带上一顿劈头盖脸的批评，而应该和他分析考试失利的原因，找到解题的途径，并好好鼓励，激发他的自信，让他放下包袱，轻装上阵。利用平时的班会课，多播放励志电影、电视剧，多分享德育小故事，以鼓舞士气、弘扬正能量，从而起到事半功倍的效果。

孩子是家庭与国家的未来，期待社会、学校、家庭三者形成合力，齐抓共管，将学生的失常行为消灭在摇篮中，让每个孩子都能健康苗壮成长。

浅谈小学德育与心理健康教育的融合

当前，一些因心理问题导致的悲剧已经进入社会各界的视线：北京市某学生害怕考试成绩差，被父亲责骂，于学校扎死一名同学后自杀；广州某中学一女生忽然觉得"活着没意思"，在家里喝下致命的药物；某小学一名五年级学生，考试作弊被发现后跳楼自杀……此类事件在中小学生中频繁发生，不得不令人扼腕叹息！青少年时期是心理障碍的易发期、初发期和多发期，从小培养学生良好的心理品质尤为重要。据中小学生心理健康教育实验课题组对随机抽取的3万余名中小学生的科学检测，发现约有32%的学生有心理异常表现。这一结果不得不令人深思，是我们的德育出了问题？肯定不是。减少甚至避免此类事件的发生，进一步强化小学德育和心理健康教育的深度融合迫在眉睫。

一、小学德育和心理健康教育的区别与联系

德育是人类教育史上较早产生的教育现象，有狭义和广义之分，本文探讨的德育指的是狭义的德育，即道德教育。学校道德教育主要是针对小学生的思想、道德、政治等方面进行教育、引导，包含爱国主义、精神文明、思想品德教育等。心理健康教育，简称心理教育或者心育，是根据个体心理发展的规律与特点，采用各种教育方法及手段，有目的、有计划地对个体心理素质的各个层面进行积极主动的辅导与教育，以促进其心理素质的提高与发展，维护其心理健康。心理健康教育的覆盖面相对较小，针对性较强，其主要是培养小学生良好的心理素质，促进学生整体素质的提高。

德育与心理健康教育之间有着不可分割的联系，主要体现在两个方面：一是两者都关注小学生的心理活动过程，注重对学生积极向上、乐于助人等优秀

品质的培养，简单来说，就是让小学生学会如何做人，如何健康成长；二是两者均采用课堂教学及课外实践活动等途径和方法，通过师生高效互动达到教育教学的目标。

二、小学德育和心理健康教育融合的积极意义

现在，家长会上学生父母吐槽最多的是孩子越来越难管了，老师们私下交流说得最多的是学生越来越难教了……如何培养有健全人格的下一代，是摆在学校面前的重要课题。随着社会的发展，其对人才素质的要求越来越高，光有高学历以及精深的专业知识已远远不够。面对激烈的竞争，除了要掌握必备的学科知识外，还必须学会正确地认识自己，学会掌握和控制自己的情绪，学会与人交往，能够忍受磨难、战胜困难，保持积极乐观的精神状态，谁拥有这些良好的心理品质，谁就掌握了打开成功大门的钥匙。而从小培养学生积极健康的心理品质，离不开学校品德教育，更缺不了心理健康教育。这也是21世纪对人才的要求，作为教育人的我们责无旁贷。

从根本上解决小学生的心理问题，广大教师首先要教会学生从小树立正确的世界观、人生观与价值观，这些观念的培养正是德育的主要内容。我们关注德育与心理健康教育的结合，就是要采用灵活的教育方式和手段，不断提升学生的心理健康水平，使德育与心理健康教育互相补充、互相促进，让两者紧密结合，产生强大的合力。

目前，小学生存在的问题大都是因思想问题与心理问题而导致的。如果只是单纯采用解决思想问题的方法，收效会大打折扣。因为小学生的年龄尚小，认知有限，枯燥的思想政治教育很难触到他们的内心层面，用纯思想政治教育的方式，很难真正解决小学生所面临的问题，也不利于学生的全面发展。所以，思想政治教育与心理健康教育深度融合，其方法与意义都显得十分重大。在教育教学过程中，其实无论是心理层面还是道德层面，教师面对的都是人。小学生产生的一些思想问题，完全可以通过一些心理健康教育手段如心理咨询等方式加以解决。同时，小学生产生的某些心理障碍，教师也可以通过德育中如观念方面的教育加以引导来化解。由此可见，德育与心理健康教育的有效融合，有着很大的现实和积极意义。

三、小学德育和心理健康教育融合的途径与方法

（一）注重心理健康教育和德育在教学实践中的融合

首先，我们要在小学思想品德课这一传统的德育课程教学实践中，将心理健康教育的内容融入其中。其次，教师要结合自身的教学实践以及学生的成长规律，把心理健康教育和德育有机地结合起来，从而获得良好的教育效果。因此，教师既要关注学生的思想情感，还要站在长远的发展角度，重视对学生人格的塑造。比如，在沪教版小学《品德与社会》三年级下册的"同在蓝天下"的教学中，我并没有采取简单的说教，而是让学生通过扮演盲人、聋哑人等残疾人，体会他们生活的不易，把理解和尊重他们变成学生的一种自觉行为。讲到身残志坚的张海迪、张强等感人事迹时，我也不是简单地号召学生向他们学习，而是通过大量的图片、视频，让学生去体会他们的顽强抗争与自强不息，这样做对培养学生优秀的心理品质是很有帮助的。

（二）学校需要建立一个心理咨询室

当前，很多学校没有专业的心理健康教师，绝大多数涉及心理问题的学生，都是交给班主任来处理。这样会存在很大的弊端，学生需要进行心理疏导时，只能去老师办公室，而办公室一般人多，学生就很难与老师交心，消极情绪只会越积越多。因此，学校建立一个专门的心理咨询室显得特别重要。首先，学校领导要从思想上高度重视，继而从财力上给予支持。学校心理咨询室具有较好的隐蔽性和私人空间，能让有心理困惑的学生敞开心扉说出自己存在的问题。建设了心理咨询室还不够，关键还要配备专业的心理健康教师。学校要引导有这方面特长的教师，通过进修培训的方式，掌握好心理健康教育的方法，定期或不定期地对全校学生开展心理健康的调查。其次，学校要通过建立学生心理档案的方式，及时了解和掌握每个学生的心理健康情况。教师要将获得的这些信息和数据及时融入平常的德育教学之中，真正让学校的德育和心理健康教育做到深度融合。

（三）教师对学生要倾注爱

爱是教育最有效的方式。所以有专家说没有爱，就没有教育。一名合格的德育教师和心育教师，绝对是一位有爱心的教师。在日常的教育教学过程

中，教师要善于接近学生，体贴和关心他们，多和他们谈心、游戏，从而了解到学生内心的真实想法。学校每个班级都多少会有一些学习、思想上后进的学生，他们常常令老师头疼。作为教师，尤其是德育及心理老师，千万不能只将注意力放在那些优秀学生身上，相反，更要关心和重视学困生的教育引导。我们的教育能将这部分学生的心理问题解决好了，学校的德育基本就成功了。多年前，我教学的班里有一个患脊髓灰质炎的学生，行动不便、性格内向、非常自卑，常有一些调皮的学生模仿他走路，嘲弄他，这个学生非常苦恼，多次想放弃学习。我意识到，不马上采取有效措施，这个孩子就毁了。于是，我给了他更多的关爱，用身残志坚的名人故事激励他，用自己的实际行动关心和照顾他，对给予他帮助的同学全部提出表扬，带头和他一起玩耍、学习、游戏，背他、抱他。慢慢地，不再有学生嘲弄他，反而有更多的同学参与到关心和帮助他的队伍当中。这个孩子也体会到了集体的温暖，变得不再自卑和内向，多年后还成了一名自食其力的摩托车修理工。这就是教育的力量，也是爱的力量！

（四）家庭教育不可缺位

家庭教育可放到教育体系的首位。要让小学德育与心理健康教育做到有效融合，家庭教育是不能缺位的。学校与家长做到了密切沟通和配合，小学生的心理健康水平以及德育效果的提升自然就有了更多的活力源泉。在教育教学过程中，教师要掌握每位学生的家庭情况，加强与学生家长之间的交流，根据所掌握的情况，制定不同的有针对性的措施，真正做到因材施教、有的放矢，让家校教育形成合力。学校则可通过定期举办家长会，开办各种形式的家庭教育讲座，想方设法全面提高学生家长的教育水平。

新课程改革的不断深化，给小学德育工作带来了更多的发展机遇和挑战。小学德育和心理健康教育是一项长期、复杂、系统的工程，需要我们广大教育工作者在教育教学实践中不断地探索有效的方法和策略，在更深层次上做好小学德育和心理健康教育的整合工作，促进小学生综合素质不断提高，为办好人民满意的教育奠定坚实的基础。

论奇特联想记忆在识字教学中的运用

奇特联想记忆法是世界上公认的记忆秘诀。许多国家的记忆大师能用一会儿工夫认识四百人，记住他们的姓名、相貌、职业，能在晚会上表演默记整副扑克牌，表演一次记数十个单词，都是以这种方法为基础的。其核心在于联想出奇特的事物，尽可能地使之新颖独特、鲜明生动、超脱现实，从而留下深刻的印象。作为一名以创新为荣为乐的老师，我总是希望自己的学生成为学习的主人。采用奇特联想记忆这一方法，可让孩子们感觉到原本枯燥无味的学习变得其乐无穷，使原本沉闷的孩子们在课堂上欢呼雀跃。我的课堂也因此变成了欢乐的海洋……

作为一名小学语文老师，我深知识字、辨字教学是小学语文教学的重要基础。为构筑识字教学的堤岸，开拓识字教学的疆域，从而给识字教学带来新气象，一直是我教书生涯探索的方向。通过十多年的小学语文教学，我逐步摸索出了如下一些运用奇特联想记忆的基本方法。

一、巧用作者作品联想法

小学语文课本的语文园地要求识记中国四大名著及其作者，有很多学生经常混淆作者和著作，考试中经常出现张冠李戴的现象。在教学中，我巧妙地利用了奇特联想记忆，并循循善诱：我国优秀长篇小说《三国演义》的作者是罗贯中。板书完后，我神采飞扬地问学生："孩子们，我们都是中华儿女，我们都是——""中国人！""对，中国人！你们发现了罗贯中名字中的'中'和《三国演义》中的'国'吗？"话音刚落，掌声四起！接着，我继续板书并叙述，施耐庵的著作是《水浒传》。水是大自然中最有灵性的东西，我们的生活和生产都离不开水，夏天到了，你们可能会成群结队去游泳，请你们千万要注意安全，因为——"水会淹死人"，还没等我说完，孩子们就发现了"庵"谐音"淹"，只要记住作者和著作中的一个字，就可以记住此知识点。吴承恩著的《西游记》中的孙悟空被压在五指山下五百年，后来被其师父唐僧救出，获救后的悟空记（《西游记》）得感恩（吴承恩），一路上降妖除魔，跟着唐僧西天取经。孩子们发现了一个秘密：作品中有一个"记"字，作者姓名中有一个"恩"字，天衣无缝……刚刚说完，孩子们便兴致勃勃地告诉我他们记得了！

每当课堂中迸发着豪爽的笑声时，我就知道：这笑，是别有洞天的笑，是孩子们经过想象记忆后获得的成功之笑。自然而然地，孩子们对语文的学习产生了一种发自内心的兴趣，学习中的奇特联想也就成了学生自身的需要和快乐的源泉。顺其自然，学习就获得了事半功倍的效果。

二、巧用经典段子联想法

在教学中，如学"商"字时，学生经常会写成"摘"的右半部分。怎么办？经典段子联想法帮我的忙。我边板书边适时解释：你看这个商贩，不是自古以后就有的（方框中不是"古"字）。他戴着一顶大草帽（立少一横），留着胡子（方框中的"八"字），还有一张能说会道的嘴（方框中的"口"字）。就这样，巧妙地把商字里面的撇和捺看作商人的胡子，符合生意人的特点。例如，为了区分别出心裁的"心"是用心的"心"而非新旧的"新"时，应强调别出心裁要用"心"，因为要想高人一筹，是要用点"心"的，不用心，永远创不出新。又如，为区分一筹莫展的"筹"字不是"愁"，我的独特解读是：虽然一筹莫展，但不能发"愁"，因为天无绝人之路，所以我一点也不发愁，请不要那么悲观失望（用"筹"不用"愁"）。再如，为区分销声匿迹的"销"是"钅"字旁，我是这样说的：冬天还没到呢，小虫子们早已销声匿迹，不信，你用铁锹"钅"地穴，也铲不到虫子们。

每当看着听得津津有味的孩子们，看着他们那神采飞扬的表情，听着他们异口同声地回答"记住了"，我舒心地笑了，他们则笑得更甜。

三、巧用特殊情境联想法

为了使学生记住在写"纸"字时不多加一点，我是这样引导学生记忆的。那天，我将一张大白纸方方正正地贴在黑板上，然后请孩子们观察并说说这张纸怎么样。大家都说很干净，是雪白的。我拿起毛笔，蘸满墨水，随手在白纸上画了一个大大的墨团，墨水顺着纸往下流。教室里发出一阵唏嘘声：白纸被浪费了。我适时点拨："多了一点就成废纸了，没用了。所以'纸'字有点吗？"说着，这张纸被我揉成一团扔进垃圾桶内。孩子们大呼妙。例如，"左、右"两字，低年级的小朋友经常混淆。在教学"右"字时，我这样引导："孩子们，我们经常用左手吃饭还是用右手吃饭？"生答："用右手。"至此，孩子们还是无法分清这两个字。于是，我继续往下说："对，用右手把饭送到口里去，所以'右'的下边是'口'字。"又如，"聪明"的"聪"，我告诉他们："总是用耳朵认真听，你就会变得异常聪明。"再如，为了区分考虑的"虑"下面是"心"字底，而虚心的"虚"下面是"业"字底，我是这样让学生联想的：考虑问题要用心，做作业要虚心。联想可谓经典，孩子们的捧腹大笑告诉我：这些字他们能够区分了，我的目的达到了。

四、巧用字谜解释联想法

我们每天所见到的零星琐碎的、司空见惯的小事，一般情况下是记不住的，而听到或见到的那些稀奇的、意外的、惊人的、异乎寻常的事情，却能长期记忆。据此，结合孩子们对猜字谜的兴趣，我是如此启发，让孩子们这样记忆的：月亮走，我也走，我和月亮交朋友（朋）；傍晚的太阳（晒）；又一次见你（观）；阿里山的姑娘（始）；江边一只鸟（鸿）；又到村里（树）；九点（丸）；依山而立（端）；一点错误（义）……通过这样的奇特联想记忆，孩子们经常会以满脸的欣喜和自信告诉我：他们掌握了！课堂上的我焕发着青春活力，奇特联想给我的工作增添了快乐元素，这种快乐也深深地感染着我的孩子们。

作为老师，必须具备教学智慧，奇特联想记忆已成为我新的教学法宝。有了它，我的课堂妙趣横生；有了它，我的教室变成学习俱乐部；有了它，我的教学效果成倍增长。"路曼曼其修远兮，吾将上下而求索。"我将努力打造高效课堂，奋力摸索通往高效课堂的教学模式。静听花开的声音，等待累累的硕果……

悉心剪裁枝叶

　　教师必须扎根课堂，在课堂教学中绽放异彩。而教学设计是成功课例的关键所在。在教学设计中贯穿生成、整合、实践的课程观，贯穿感知中理解、活动中感悟、思辨中深化的教育理念，课堂自然就会鲜活。教师在课堂中播撒希望的种子，悉心剪裁枝叶，收获的便是学生灿烂的明天。

低碳生活每一天

——人教版《道德与法治》四年级上册

【教材分析】

本课是四年级上册第四单元第12课。本单元承接低年级认识并懂得节约日常生活中的各种资源、有环保意识，在学习有创意生活的基础上，进一步培养学生绿色生活的意识和方式。本课更侧重于从知到行的递进发展，着重于引导学生认识气候变暖问题的严重性，学会积极参与环保行动。

【学情分析】

四年级学生对低碳生活有了初步认识，但是对低碳生活的重要意义以及环境的严峻形势认识不清，没有低碳生活的意识和行动，保护环境的法制意识淡薄。针对这些情况，教师引导学生积极践行低碳生活方式，让他们知道低碳生活离我们并不遥远，可以体现在日常生活的点滴小事中，立志做低碳环保小卫士。

【教学目标】

1. 知识与能力：引导学生了解地球变暖导致全球范围内的气候异常，进而对环境和人类生存造成一系列影响与伤害，树立危机意识和环保意识；引导学生反思生活，尝试去改变日常生活中不环保的生活方式，减少碳排放，树立法律意识，学会过低碳生活。

2. 过程与方法：帮助学生了解身边的碳排放与环保的密切联系，培养低碳生活的意识，养成从我做起、从现在做起、从小事做起的良好生活习惯。

3. 情感态度与价值观：培养学生热爱环境、关爱地球的情感。

【教学重难点】

重点：了解气候变暖的严重危害和地球升温的根本原因。

难点：引导学生树立低碳意识和法律意识，反思自己的生活，学会并践行低碳环保、绿色生活的具体方法。

【教学准备】

PPT课件、低碳环保树、环保叶、硕果。

【教学过程】

活动一：《低碳贝贝》唱低碳

1. 谈话导入

师：确认过眼神，我们都是对的人！今天我们要来为环保树加绿叶、添硕果，学做低碳环保小卫士。（板书：低碳环保小卫士）首先，请听老师带来的一首动听的歌，会唱的请跟着唱！

2. 播放《低碳贝贝》

师：你们喜欢这首歌吗？这首歌的歌词是关于低碳生活的。今天，请你们带上聪明的头脑、智慧的双眼和能说会道的嘴巴，和老师一起走进低碳生活。（板书：低碳生活每一天）

设计意图：以学生感兴趣的歌曲导入，唤起学生关于低碳生活的感知，开启专注模式。

活动二：全球变暖聊低碳

（1）师：生活在新时代的我们，学习是快乐的，生活更是幸福的。可地球妈妈却在伤心地哭泣，地球妈妈到底怎么了？请看视频。

（2）播放视频《地球妈妈在哭泣》。

（3）师提问：地球妈妈为什么哭泣？

生答，师适时点评。

（4）师：接下来，通过一组数据来感受咱们双峰县气候的变化。

提问：通过比较双峰县月平均温度统计表，你发现了什么？（预设：气候变暖，地球"发烧"了）

师总结：是啊，通过对比，我们可以明显发现——气候变暖了。（板书：气候变暖）

（5）联系日常生活，感知全球变暖的症状。

师：这是双峰县上年8月的气温，连续26天气温超过35℃，其中，8月20日温度高达39℃，地球"发烧"了。

提问：持续高温热浪天气，对我们的生活有什么影响？请你举例说说。（板书：产生影响）

预设1：停电次数增多。

预设2：自燃现象。

预设3：天气预报经常发布高温橙色预警，中暑的人越来越多，甚至有人热死了。

预设4：农作物长不好，易生虫，收成不好，果实干瘪。

预设5：水位下降，有时供不上自来水，会停水。

师总结：是的，生活中的种种现象都足以说明气候变暖给我们的生活带来了巨大影响。

设计意图：通过展示来源于生活的视频、资料，让学生感受气候变暖给人类带来的影响。

活动三：全球变暖带灾害

（1）师：气候变暖不仅给我们的生活带来了很大的影响，还导致全球气候混乱异常，给人类带来一系列的自然灾害。（板书：自然灾害）请看老师带来的这一组照片（师边展示边解读）。

① 全球变暖——导致冰川融化，南北极动物生存受到威胁。

② 全球变暖——海平面上升，像图瓦卢这样美丽的岛国，马尔代夫这样令人神往的度假胜地，水上之城威尼斯都将消失、不复存在。

③ 全球变暖——一部分地区干旱加剧，甚至农作物颗粒无收。

设计意图：通过一组受灾图片，让孩子们身临其境地感受气候变暖对环境和人类造成的一系列影响与伤害。

（2）提问：孩子们，地球"发烧"、全球变暖，谁是罪魁祸首呢？

生答。

师：是的，二氧化碳。我们也称它为温室气体。（板书：温室气体）

提问：日常生活中，温室气体来自哪儿呢？生答，师评。

预设1：汽车尾气。

预设2：工厂废气。

预设3：人们燃烧垃圾、燃烧秸秆，产生大量的温室气体。

预设4：家里的家电在投入使用的时候就会间接产生温室气体。

预设5：过度砍伐，森林减少了对温室气体的吸收。

（3）**师总结**：人类在生活的各个领域大量制造温室气体，导致气候变暖，并带来一系列的影响和伤害，这些自然灾害最终都落到我们人类身上。这是一个恶性循环。气候变化问题成了全球共同关注的重大问题，如今我们人类积极行动起来了，开始倡导低碳生活。

（4）什么是低碳生活呢？我们一起来了解一下。

生齐读。

（5）人们常常把温室气体的排放称为碳排放，关于碳排放，《中华人民共和国环境保护法》和《中华人民共和国宪法》中有明确规定。有请法博士来给我们做法律解读吧！

（6）关于低碳生活，国家主席习近平还与世界有一个绿色约定：

① 绿水青山就是金山银山。

② 要把生态环境保护放在更加突出的位置，像保护眼睛一样保护生态环境，像对待生命一样对待生态环境。

③ 生态环境保护是功在当代、利在千秋的事业。

（7）师：其实，老师也想和你们来个约定，期待你们成为金山银山的保护者，好吗？

活动四：拓展延伸找低碳

1.游戏《低碳拍手歌》

师：紧张的学习先告一段落，接下来，让我们玩个游戏放松放松。来，把小手伸出来，跟上节拍一起读《低碳拍手歌》。

2. 衣食住行找低碳

（1）师：孩子们，我们的日常生活中就藏着许多绿色低碳的生活方式，你们都有哪些低碳生活的小妙招呢？我们的生活离不开衣食住行，下面，我们就从衣食住行四个方面开展交流汇报，先请看要求。好，三分钟时间交给你们，加油哦！

（2）各组组长汇报衣食住行低碳小妙招，师点评。贴环保叶。

3. 总结

师：今天我们学了这么多低碳生活小妙招，希望孩子们把这些小妙招运用到平时的生活中，期待你们做生活的有心人！

活动五：低碳生活我宣签

（1）师倡议：请问你们愿意做一名小小宣传员，向家人、亲戚、朋友宣传低碳生活吗？为了世界变得更美好，社会变得更和谐，生活变得更环保，下面举行隆重的宣誓仪式，让记忆留住这永恒的瞬间。

（2）班长带读宣誓词，全班宣誓。

（3）发放硕果卡，签名后把硕果卡贴到环保树上。

师总结：最后，老师要把这棵环保树送给咱们班。同时，祝福你们能幸福健康快乐地成长，直到长成参天大树，期待我们的明天更美好！

【板书设计】

低碳生活每一天

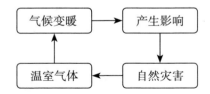

【教学反思】

教学"低碳生活每一天"这一课题，要注意把握三点：一是引导学生了解地球变暖导致全球范围内的气候异常，以及对环境和人类生存造成一系列影响与伤害，树立危机意识和环保意识。二是引导学生反思生活，尝试去改变日常生活中不环保的生活方式，减少碳排放，树立法律意识，学会并践行低碳环保、绿色生活的具体方法，积极参与环保活动。三是帮助学生了解身边的碳排放与环保的密切联系，培养低碳生活的意识，侧重从知到行的递进发展，养成从我做起、从现在做起、从小事做起的良好生活习惯。

（一）课程标准深入我心

品德课程的实质是能够感受到教师注重孩子主体作用的发挥，注重孩子能力的提升，由单一的学习到多维的转化。而我则通过有趣的活动、学生问答讨论、媒体信息感知等多种形式展开教学，注重发挥学生的主体作用。

（二）课程意识深入我心

我确立了生成、整合、实践的课程观，课堂上贯穿了感知中理解、活动中感悟、思辨中深化的自我教育理念。

（三）信息技术与学科整合的观念深入我心

1. 信息技术素材加工

根据教案内容的层次及教学环节的安排，课件中运用的图片用软件加工，通过裁切去除多余信息，调节亮度、饱和度、对比度等，使各个图片风格保持一致，使用魔术棒工具，去除某些图片的背景色，另存为JPG格式图片；音频通过Adobe Audition软件处理，剪切多条片段。课件中的两段视频：《低碳贝贝》和《地球妈妈在哭泣》，通过百度视频搜索，选取合适的素材，用录屏软件oCan录屏，再用Adobe Premiere Pro软件剪切，保存为WMA格式。

2. 教育教学与信息技术融合

应用希沃平台，通过运行于移动终端的应用，对电脑进行无线远程操作，进行PPT演示、触摸板控制；还充分利用希沃软件中的传频技术，对学生的合作探究交流过程进行抓拍，并对探究成果进行投频展示。信息技术的运用，极大地丰富了课程资源，弥补了教材的局限性、滞后性。

（四）得出结论

在教学活动中，我帮助学生形成积极的生活态度、养成良好的生活习惯。活动中，让学生主动参与，"寓教育于活动之中"，努力使教学进入学生的生活，贴近学生的生活。创设开放、互动、活泼的教学情景，营造自由、民主、愉悦的课堂气氛，给学生充分参与的机会，让他们自己动手动脑去观察、去探索、得出结论。

　　本课共设计了《低碳贝贝》唱低碳、全球变暖聊低碳、全球变暖带灾害、拓展延伸找低碳、低碳生活我宣签五个活动。我在课前做了充分的准备，课中把学生放在了主体地位，学生的探究能力、合作能力、表达能力都得到了很大的发展。活动中，我尽量调动学生的多种感官刺激，全力激发学生参与活动的积极性，运用学生喜欢的视频、图片调动他们的感官，以引起学生的共鸣。同时，在让学生进行实践活动的过程中，让学生走进生活、切实进行调查研究，培养学生收集、整理资料的能力。学生们在研究的过程中不断提出问题，通过自己的思考、求助、与别人的讨论等把问题解决，这样的探究对学生的发展是十分有利的，这些活动让学生们在实践能力上有所突破。

生命最宝贵

——人教版《道德与法治》三年级上册

【教材分析】

本课是三年级上册第三单元第7课。生命只有一次，对每个人来说都是最宝贵的。本课的内容通过设置"生命来之不易"和"爱护身体珍惜生命"两个课时，帮助学生树立珍爱生命的意识。本课为第二课时的教学设计。

【教学目标】

1. 知识与技能：通过感受身体受伤带来的不便和失去生命对亲人的伤害，学会珍惜生命、爱护身体。

2. 过程与方法：能够在生活中做到爱护身体、珍惜生命。

3. 情感态度与价值观：培养珍惜生命、热爱生命、感恩生命的情感。

【教学重难点】

引导并教育学生懂得爱护身体、珍惜生命，培养珍惜生命、热爱生命、感恩生命的情感。

【教学准备】

多媒体课件。

【教学过程】

（一）猜谜导入：激发兴趣，初步感知

师：为了考验咱们班的小朋友们厉不厉害，老师先请你们猜个谜语。请看谜面：有一样东西，不论是财主还是乞丐都拥有它；它最值钱，而你又无法售出。它是什么？（谜底：生命）

是的，世界上最宝贵的东西就是生命，（板书课题：生命最宝贵）生命对每个人来说只有一次。所以我们从小就要学会爱护身体、珍惜生命！今天的这堂课，老师希望小朋友们都带上聪明的头脑、智慧的双眼和能说会道的嘴巴，请大声告诉老师，你们能做到吗？比一比，哪个学习小组的表现最好？

设计意图：猜谜引入，激发学生的学习兴趣。

（二）体验活动：现场模拟，提升认识

师：孩子们，当你在老师的带领下走进特殊教育学校，看到那些眼盲或耳聋的同龄人，你会有什么感受？当你知道有些少年儿童是在生活中因为意外伤残之后，你会有什么感想？再请你们想象一下，他们在学习与生活中会有哪些不便？

（1）分四个学习小组分别模仿盲人、独臂人、失聪者、行动障碍者，三分钟后请每一组派一个同学来汇报身体受伤会带来哪些不便。

（2）分组汇报身体受伤会带来哪些不便。

（3）师：今天刘老师把勇敢顽强的海伦·凯勒也请到了课堂中，请看名人故事视频《假如给我三天光明》。

（4）师：海伦·凯勒是个盲聋人，但她身残志坚，她告诫身体健全的我们应该珍惜生命，珍惜上天赐予的一切。（板书：珍惜生命）

（5）师：壁虎的尾巴断了可以长出新尾巴，但人的生命失去了还能长出一条新生命吗？（不能）接下来，让我们一起来读一读：

壁虎的尾巴断了，隔一段时间，又长出新的尾巴。

树枝被砍断，还能长出新绿枝条，萌发新芽。

可是我们的身体，不可再生；

我们的生命，不可重来。

生命是一切希望的基础，

然而它又脆弱得如一朵易凋零的花。

请学会保护自己，

好好珍爱自己的生命吧！

活着，好好活着，

然后才有机会，焕发更夺目的光华。

师总结：孩子们，能拥有健全、健康的身体多么幸福，我们一定要珍爱身体的每一个小部件！（板书：健康是福）

设计意图：通过现场模拟帮助学生体会身体受伤带来的不便，从而教育学生懂得珍惜生命。

（三）感悟活动：遭遇伤害，体会伤痛

师：老师知道小朋友们都爱听故事，于是我带来了《莫莫的故事》，请认真听，听完后请你们回答问题。

（1）出示莫莫玩打火机造成终身残障的故事。说一说：在爱护自己方面，莫莫有哪些做得不好的地方？

拓展：在平时的生活中，你在爱护自己的生命和身体方面，有哪些做得不好的地方？

（2）**师：**在我们的生活中，总有个别不听老师、父母教诲的孩子，而一旦遭遇意外的伤害，甚至失去生命时，最痛苦的莫过于爸爸妈妈。请看溺水视频。

出示小学生溺水，父母倒地号啕大哭的视频（课件）。

师：视频中的爸爸妈妈失去孩子后，他们的天都要塌了。父母对我们的爱是无私的，更可以感天动地。

设计意图：用两个案例引导学生珍爱自己的身体，树立重视生命的意识。

（四）生活反思：正反对比，感悟深化

师：不听话的孩子，爸爸、妈妈和老师都不会喜欢。今天，老师把聪明的光头强也带到了课堂，我超级喜欢光头强。为什么刘老师会这么喜欢光头强呢？请看视频。

1. 课外链接：播放《光头强养蜂记》的片段视频

说一说：在爱护自己方面，光头强有哪些做得好的地方？

拓展：在平时的生活中，你在爱护自己的生命和身体方面，有哪些做得好的地方？

2. 小组PK赛

师：在避免身体出问题方面，谁做得最好呢？接下来，老师准备进行一场小组PK赛，比一比，哪一组的小朋友最厉害！

巩固提升：小组PK赛。

请你判断一下，下面的做法是对还是错呢？

（1）我喜欢一边吃鱼，一边看电视。（　　　）

（2）放学回家后，我喜欢和小朋友们去爬树、爬电线杆。（　　　）

（3）未满12岁的儿童不能骑自行车上路。（　　　）

（4）做完运动后满头大汗时，我就马上洗澡。（　　　）

（5）我们不能擅自去河、池、水库等危险水域游泳。（　　　）

（6）下课后，我喜欢和同学们追赶打闹。（　　　）

设计意图：回归生活，通过正反对比，让"爱护身体、珍惜生命"内化于心，外化于行。

（五）感恩活动：升华提升，放眼未来

师：孩子们，我们宝贵的生命都是爸爸妈妈赐予的，我们要把对爸爸妈妈的爱表达在歌声中。接下来，我们一起用手语舞来感恩！

师生互动手语舞展示：《感恩的心》。

师总结：孩子们，人的身体不能重生，人的生命不能重来。珍爱生命，从我做起，从现在做起。（板书：从我做起）祝你们能幸福健康快乐地成长，直到长成参天大树，做一个对社会有用的人！

设计意图：通过展示手语舞，培养学生珍惜生命、热爱生命、感恩生命的情感。

【板书设计】

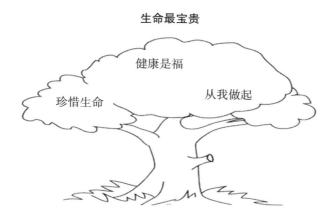

【教学反思】

通过学习，孩子们懂得了爱护身体、珍惜生命的道理，希望他们能够像爱护自己的眼睛那样爱护自己和他人的生命，期待每个孩子的生命之花都绚丽多彩、摇曳多姿。

本教学案例是我受邀参加湘潭市雨湖区小学道德与法治学科区本培训暨教师工作坊第二次线下集中研修。这节课，总体感觉还是比较流畅的，学生的智慧得到了充分挖掘，学习气氛浓厚，教学效果较好。但是，相对于湘潭市雨湖区的课而言，我觉得还有需要改进之处。

首先，应该努力打造"生长性"课堂，最大限度地激发并唤醒学生发展的内在天性，选择适当的教学内容和教学方式，挖掘并提升教学组织推进的育人功能，通过适当的点评、点拨、点化，使学生在发展中获得唤醒、提升、突破。而我没有对教学内容进行生长性挖掘，没有对教学目标进行生长性设计，更没有对教学任务实施生长性促进。

其次，教学中，我还停留在老师"满堂灌"，学生"满堂听"的形式上，有本末倒置的嫌疑。我应该学会放手，只起主导作用，把课堂还给学生，让学生真正成为课堂的主人。

最后，我应该努力提高个人综合素质，多向长株潭学教育教学经验，戒骄戒躁、持续学习、奋勇拼搏。只有放手去做，抛开杂念，并尽心尽力、尽职尽责，才能进步，才可超越，才能成长！

对网络不良诱惑说"不"

【教材分析】

随着网络的出现，随之而来的网络诱惑层出不穷。本课目的为让学生更加客观地认识互联网的正面和负面效应，发挥互联网的积极作用，从而自觉抵制网络不良诱惑。

【学情分析】

网络是孩子们最感兴趣的话题，但大部分孩子只认为网络世界精彩无限，只体会到网络的无穷乐趣，并不清楚网络更是一把双刃剑，能给我们带来很多无奈。过分迷恋网络甚至会给我们带来很多难以预料的灾难。所以，对学生进行正面引导尤为重要。

【教学目标】

1. 知识与技能：认识到网络不良诱惑是可以战胜的，掌握战胜网络不良诱惑的常用方法和技巧。

2. 过程与方法：提高自我控制和抵制网络不良诱惑的能力。

3. 情感态度与价值观：自觉抵制网络不良诱惑，初步认识和理解网络时代社会生活的复杂性，初步形成辨别是非的能力。

【教学重难点】

自觉抵制网络不良诱惑，掌握一些战胜不良诱惑的常用方法和技巧。

【教学准备】

多媒体课件、规划书、正能量卡。

【教学过程】

课前谈话

我很高兴来到醴陵市实验小学，更荣幸能和同学们一起学习。昨天，我们成了好朋友。此刻，老师发现：同学们的脸上都写着两个共同的字——精神。老师相信这节课你们会坐得好，听得更好，我期待你们的精彩表现！请问准备好了吗？下面，请跟随老师走进你们最感兴趣的"网络"话题。（板书课题：对网络不良诱惑说"不"）

活动一：调查导入，引发话题

（1）师：亲爱的同学们，热烈欢迎你们来到刘老师主持的《实话我说》栏目。首先，针对目前中小学生的一个热点问题，我想在班上做一个小调查。

① 你喜欢上网（包括手机上网）吗？（　　　）

A. 非常喜欢　　　　　　　B. 一般喜欢　　　　　　C. 不喜欢

② 父母对你上网的态度是怎样的？（　　　）

A. 支持　　　　　　　　　B. 反对　　　　　　　　C. 不支持也不反对

③ 放假在家时，你每天上网的时间大约是多少？（　　　）

A. 半小时　　　　　　　　B. 一小时　　　　　　　C. 一小时以上

总结：通过刚才的小调查，老师对同学们平时的上网情况有了一个初步的了解。

（2）师：通过刚才的小调查发现，有的家长支持孩子上网，有的家长反对孩子上网，有的家长态度模糊。那么，对待上网，家长们为什么会有不同的态度？上网到底有哪些好处和坏处呢？请同学们各抒己见，发表自己的看法。

（3）过渡语：接下来，就家长该不该支持孩子上网这个话题，老师想采访一下现场听课的老师们，因为他们都已为人父母，有自己的孩子，在生活中会遇到同样的问题。

师总结：同学们、老师们都各抒己见，各有各的道理，下面让我们连线

"全国法院办案标兵"周强华法官，一起听听他的看法和建议。

设计意图：通过调查，了解学生平时的上网情况，唤醒沉迷于网络的学生。

活动二：沉迷网络，危害严重

（1）师：周法官建议我们不去网吧上网，应该在老师和家长的指导下上网。为什么呢？因为网络是把双刃剑，它趣味重重，但也诱惑重重，而孩子沉迷网络却是家长的痛、法律的痛，更是社会的痛。沉迷网络到底会产生哪些严重危害呢？

（2）师：2018年4月，教育部办公厅分布《关于做好预防中小学生沉迷网络教育引导工作的紧急通知》。（出示该通知）

（3）师：网络就像阿里巴巴的宝库，里面有取之不尽的"宝物"，但如果使用不当，它会像潘多拉的魔盒。那么，沉迷网络会给自身造成哪些严重危害呢？（出示视频：荒废学业）这个视频告诉我们，沉迷网络会影响学业。

拓展延伸1：沉迷网络还会给自身造成哪些危害？请你说一说。

师：一个家庭如果有一个上网成瘾的孩子，就有了一本血泪史。（出示视频：孩子打赏女主播，败光手术费）沉迷网络会给父母、家庭带来无尽的痛苦！

拓展延伸2：你还知道哪些上网成瘾进而危害家庭的事例？请说一说。

师总结：同学们，沉迷网络危害很大，我们应该远离网络不良诱惑，做遵纪守法的好学生。（板书：沉迷网络，危害严重）

设计意图：紧急通知和两个案例帮助引导学生认识到沉迷网络的严重危害，并意识到作为学生应该远离网络不良诱惑。

活动三：抵制诱惑，你我同行

（1）师：通过刚才的交流，我们知道了生活中存在着网络不良诱惑，这些诱惑时刻在我们身边，考验着我们的意志，趁我们一不留神，就会将我们俘虏。那么，面对网络不良诱惑，我们应怎样抵制呢？请跟随老师走进"网络生活大搜索"。

判断对错，并陈述理由。

① 中小学生偶尔去一次营业性网吧是可以的。（　　）

② 学校周边有网吧，但贴有禁入标志。（　　）

③ 小明13岁，哥哥19岁，他长得和哥哥很像，于是他就拿着哥哥的身份证去网吧上网。（　　　）

④ 农村或偏僻山区的网吧，中小学生可以去上网。（　　　）

师总结：我们在面对网络不良诱惑的时候，必须学会说"不"。拒绝网络不良诱惑从你我做起，从现在做起。（板书：抵制诱惑，你我同行）

（2）师：刚才的"网络生活大搜索"，同学们都发表了自己的观点。其实《中华人民共和国未成年人保护法》中就有相关规定，运用法律武器更有说服力，让我们请出法博士。

师总结：同学们，在生活、学习中，当你遭遇网络不良诱惑时，可以利用法律来保护自己。

设计意图：小学生明辨是非的能力有限。"网络生活大搜索"引导他们抵制生活中存在的网络不良诱惑，并学会用法律的武器来保护自己的正当权益。

活动四：远离网瘾，我有办法

制定远离"网瘾鸦片"规划书，见表2-1。

表2-1

防止上网成瘾的方法	1. 先定目标。 2. 限定时间。 3. 合理安排上网时间
找出不做"小网虫"的金点子	1. 上网结束后，要去户外活动。 2. 3. 4. …
万一你上网成瘾，为戒除网瘾，你有什么好办法	1. 培养阅读兴趣。 2. 3. 4. …
你想对网络说什么	

（1）师：网瘾如鸦片，我们要远离！（板书：远离网瘾，我有办法）接下来，让我们来制定远离"网瘾鸦片"规划书。出示要求（生汇报，师评价）。

师总结：从你们坚定的语气中，我感受到了你们的用心良苦，体会到了你们拒绝网络不良诱惑的勇气。

（2）师：据老师了解，我们学校也有一个网瘾少年小明，出示案例分析。

思考：面对小明，假如你是他的同学、老师或家长，你会怎么做？

（生回答后，送正能量卡给网瘾少年）

（3）师：帮助他人，快乐自己；给永远比拿快乐！最后，老师要把《上网拍手歌》送给大家。

设计意图：远离网瘾的最终目标是要体现在思想上，落实到行动上。通过制定远离"网瘾鸦片"规划书正确引导学生不做网瘾少年，要做阳光学生。

【板书设计】

对网络不良诱惑说"不"。

沉迷网络，危害严重。

抵制诱惑，你我同行。

远离网瘾，我有办法。

【教学反思】

在学习和生活中，我们每个人都经历着大大小小的诱惑。迷茫时，网络中虚拟世界的五光十色是一种诱惑；疲惫时，网络游戏的惊险刺激也是一种诱惑。互联网拓宽了我们的求知途径，为我们打开了认识世界的另一扇窗，更为我们创造了一个展现自我个性的空间。青少年是祖国的未来、家庭的希望，是最具科技意识和创新能力的一代。如果不能自觉抵制网络不良诱惑，不能做到文明上网和健康上网，那么网络就会毁掉我们的一生。基于此原因，我通过自编教材设计了此课，并凭此设计获得了"娄底市小学道德与法治教师教书育人风采竞赛"第一名。总之，我认为，一堂好的道德与法治课，一定是主题明确、理念先进、主体突出、体验有效、开发有度、有所生成的课。而本堂课最大的缺陷在于以下几点。

（1）学生没有由知识的容器成为自己的主人。新课程的核心理念是：以学生为本，一切为了学生的发展。整个教学过程都是由学生发现、提出、分析、解决问题的过程。而我的课堂，学生并没有成为真正的主人。

（2）课堂教学应由预设转向生成和开放，而我的课堂上，教师连续地提问，学生习惯性地举手，课堂缺乏生成性，仪式感太强。

（3）好的教学设计是理论与实践、理论与实际有机地结合起来的，而我所用到的教学案例则有一定的片面性、极端性。

一个人的智慧和力量永远比不过、拼不过一群人，下次的参赛课，我要吸取此次教训，争取在设计上出新、出彩。

我为祖国绘蓝图

——教科版《品德与社会》六年级下册

【教材分析】

"我为祖国绘蓝图"重在培养学生的主人翁精神，引导学生把热爱祖国化为具体行动，从小树立远大的理想，为祖国的美好未来贡献自己的智慧和力量。但原有教材内容不再适应时代潮流，于是我在此基础上进行了重整和创新。

【学情分析】

学生在学习"我为祖国绘蓝图"之前就对本单元的前四课进行了学习，已经了解了中华人民共和国成立及改革开放以来取得的伟大成就。他们对祖国未来充满了好奇，并对为祖国绘蓝图有浓厚的兴趣，因为此年龄阶段的孩子都爱突发奇想，还会萌发许多奇思妙想。

【教学目标】

1. 通过小组竞赛的形式，宣传党的十九大精神；紧密联系生活实际，使学生了解我国改革开放以来取得的伟大成就，激起他们的民族自豪感和爱国爱党爱民的情感。

2. 引导学生从小树立为祖国的繁荣富强做出贡献的意识。

【教学重难点】

重点：宣传党的十九大精神，使学生了解我国改革开放以来取得的伟大成就，激发他们的民族自豪感和爱国爱党爱民的情感。

难点：引导学生从小立志为祖国的繁荣富强做贡献。

【教学准备】

多媒体课件、蓝图卡、Pass卡。

【活动过程】

（一）谈话引入

师：大家听说过一部大型纪录片《厉害了，我的国》吗？

中国的"厉害"体现在哪儿呢？今天，让我们带着骄傲和自豪之情一起走进"知识竞赛"。（板书课题：厉害了，我的国）

设计意图：通过纪录片《厉害了，我的国》进行谈话导入，而"知识竞赛"又激发了学生的参与意识，从而使他们对本课学习产生了浓厚的兴趣。

（二）活动一："厉害了，我的国"知识竞赛

第一轮比赛（必答题）：我来猜一猜

（1）中国首位诺贝尔文学奖获得者是（莫言）。

（2）被誉为"世界杂交水稻之父"的是（袁隆平）。

（3）中国飞天第一人是（杨利伟）。

提问，拓展：改革开放以来，还出现了哪些"厉害的中国人"？

（如屠呦呦等）

师总结：厉害了，我的国；厉害了，中国人！恭喜各组顺利通过第一轮比赛，掌声响起来！

第二轮比赛（抢答题）：我来找一找

学生随着视频播放进度得出答案：跨海大桥，深海钻井平台，天眼，航母，C919飞机，飞船空间对接……

师总结：这段视频让我们心潮澎湃、热血沸腾！厉害了，中国的伟大工程！

第三轮比赛（选答题）：我来解一解

课件出示数字：5年，44年，350千米。

5年：党的十八大到党的十九大历经5年时间。

44年：2022年是我国改革开放44周年。

350千米：2018年，中国制造的世界上最快高铁"复兴号"的标准时速。

师总结：希望从东方升起，中国从东方崛起。厉害了，腾飞的中国！

第四轮比赛（探讨题）：我来说一说

师：我们的祖国厉害吗？下面请你来说一说，中国厉害在哪里？（板书：探厉害）

学生可以介绍天眼、高铁、桥梁、航母等。老师根据学生的回答出示对应的幻灯片，并一一解读。

师总结：我骄傲，我是中国人；我自豪，我是中国人。厉害了，中国的辉煌成就！

第五轮比赛（附加题）：我们的发现

师：随着科技的发展，我们的生活正在发生翻天覆地的变化，中国正大阔步迈入小康社会。第五轮比赛请你们进行小组合作探究，（板书：找变化）找出我们身边的变化来感受和说明"厉害了，我的国"。师先示范说，引导学生探究，并进行过程与方法的指导。

（1）出示城南学校今昔对比视频。

师总结：我们学校的变化真是惊人。祖国富强了，我们的学校也变得更漂亮了。漂亮了，我的校；厉害了，我的国！

（2）出示双峰人民的衣食住行对比图。

师总结：在希望的田野上，人们收获着累累硕果；在改革开放的大道上，我们的党正带领14亿中国人为实现中华民族伟大复兴的中国梦而不懈奋斗！少年强，则国强；少年智，则国智！

设计意图：通过知识竞赛的形式使学生明白中国在腾飞，祖国在发展，国人在超越，激发他们的民族自豪感和爱国爱党爱民的情感。

（三）活动二：祖国畅想曲

师：党的十六大提出了全面建设小康社会的奋斗目标：到2020年国内生产

总值力争比2000年翻两番，人民过上富裕的小康生活；在中华人民共和国成立100周年时，把我国建设成为社会主义现代化强国。而习近平总书记在党的十九大报告中强调：青年兴则国家兴，青年强则国家强。建设祖国，我们任重而道远！

最后，让我们一起憧憬中国的第二个一百年。请大家把已经画好的蓝图卡拿出来，现在让我们把对祖国的热爱和祝福化成千言万语写到蓝图卡上。比一比，谁的蓝图卡设计最漂亮，文字最感人！

（板书：绘蓝图）

设计意图：培养学生爱国爱党爱民的情感，引导他们立志为祖国的美好未来贡献自己的智慧和力量，从小树立为祖国的繁荣富强做出贡献的意识。

（四）总结

总结知识竞赛获奖情况，表彰鼓励获奖组，发放Pass卡。

感谢同学们的默契配合，祝愿祖国的明天更美好，人们的生活更幸福！一首《明天会更好》送给我们的大中国……

设计意图：引导学生憧憬明天，展望未来，放飞梦想。

【板书设计】

厉害了，我的国

探厉害

找变化

绘蓝图

【教学反思】

新课标指导下的道德与法治课堂应如何凸显课堂的开放性，实施的活动性，让学生个性展现、灵性飞扬，让教师教得心生欢喜，自我历练成长、向阳而生呢？这堂课，我的亮点是以下几点。

（1）课程标准深入我心。

（2）课程意识深入我心。

（3）信息技术与学科整合的观念深入我心。

那么，到底一堂什么样的道德与法治课才能从学生本位出发，实现教学目标呢？

（一）紧扣教学主题，精心设计活动，绽放童心活力

"在活动中领悟"是道德与法治课程主要的学习方式，"有效组织适宜的教学活动"应考虑学生参与的积极性、课堂呈现出的活动效果及活动与教学目标、教学内容和教学条件的契合度。这堂课，我将知识点巧妙地嵌在知识竞赛中，使课堂的生动性和实效性更强；我在一问一答这种传统的教学活动中，也是满藏教学机智，渗透学法指导。

（二）有效创编教材，整合运用资源，演绎课堂精彩

道德与法治是一门综合性很强的课程，因为与时事、生活紧密相连，具有较强的时事性，而教材内容偏老旧，所以我们要创造性地运用教材，大胆改革课堂教学，整合运用资源，实施开放式教学，提高道德与法治课的针对性、实效性。

然而，现在的道德与法治教材中往往只选取了生活中有代表性的材料，以几张图片和几句文字说明等"范例"简单呈现，我这堂课的教学内容还是老版本，教材上的素材离孩子们的生活比较远，因此，资料的整合运用、教材的创编显得尤为重要。我既尊重教材，又不拘泥于教材，大胆开发、利用课程资源。首先是善用媒体资源，重点放在党的十八大到党的十九大的成就，以同名纪录片《厉害了，我的国》里面精准的祖国发展变化与成就的素材，从画面、音效到文本全方位地叩打学生的感官，激发他们的自豪感和爱国情。

创编教材要根据教学目标，敢于取舍。本堂课，通过实践教学，我觉得可以适当调整删减，如数字解密环节有难度，5年、44年、350千米，如果没有事先看纪录片《厉害了，我的国》或《辉煌中国》，是很难猜的，离孩子们的生活比较远，可以考虑舍去。另外，在"我来说一说"环节，我觉得对整体素质好的六年级学生来说，可以提高难度，让他们更深入地思考：这么厉害的成就，带给你什么感受？还可以结合时事，增加"我们的思考"等环节，以讲故事的形式，讲讲中美的贸易战等。引导学生深入思考：《厉害了，我的国》还有哪些地方其实又不够厉害呢？挖掘深度，给孩子们创造思辨的机会，让他们在思辨中知不足，进而激发他们为建设真正强大的中国而努力学习的热情与梦想。

社会生活有规则

——教科版《品德与社会》五年级下册

【教学目标】

1. 让学生认识到社会生活处处离不开规则，懂得规则是社会秩序正常运行的保证。

2. 让学生了解自己在社会生活中必须遵守的规则，进一步提高自律意识。

3. 让学生走入社会生活，促使学生自觉遵守并维护社会规则，增强社会责任感和使命感。

【教学重难点】

帮助学生发现文明、安全、有序的社会生活处处离不开规则，规则是为人们服务的。

【教学准备】

赞赏卡、签名条幅、多媒体课件。

【教学课时】

1课时。

【教学过程】

（一）游戏揭题，走近规则

（1）（出示幻灯片）师：精美的、香香的卡片老师用来干吗？

在不制定规则的情况下让学生传卡（板书：没有规矩不成方圆）。

（2）（出示幻灯片）生齐读游戏规则后再次让学生传卡。

总结：在规则的指引下，老师的卡被快速地送出，有规则真好！

（二）正反对比，提升认识

（1）（出示幻灯片）引导学生说一说在我们的生活中有哪些不遵守规则的行为。

（2）学生观看《××中学踩踏事故》视频，并说一说感受。（出示视频）

（3）（出示幻灯片）学生说一说在我们的生活中有哪些遵守规则的行为。

总结：生活中的规则太多太多，我们就不面面俱到、一一过细了。良好的规则意识来自责任感，它的体现是自律。（板书：规则意识来于自律）那么，什么是自律呢？（生答）自律就是自己管住自己。当每个人都发自内心地愿意遵守规则时，我们的环境会变得更整洁、有序，人与人之间会更和谐。

（三）写赞赏卡，感悟深化

（1）导入：规则和我们的生活密不可分，社会有规则，家庭有规则，学校更有规则。那么，我们班的同学中是不是也有规则意识特别强的呢？请同学们在赞赏卡上为这些优秀的同学写上赞赏的话语，做成"赞赏卡"（出示幻灯片）。

（2）做卡、送卡：各学习小组派一名代表读"赞赏词"，被赞赏者在本班上台接受赠卡，并粘贴"赞赏卡"。

总结：通过活动，老师发现你们"礼貌问答"的规则意识更强了，我看在眼里，喜在心头。

（四）宣签活动，规则践行

（1）倡议：遵守规则，应该从现在做起，从我做起。（板书：遵守规则从我做起）请问你们愿意做一名规则意识的小小宣传员，向家人、亲戚、朋友宣传法律法规吗？为了世界变得更美好，人间变得更温暖，班级变得更和谐，下

面我们全班先宣誓再签名，让记忆留住这永恒的瞬间。（出示幻灯片）

（2）班长带读宣誓词，全班宣誓。

（3）考验环节：学生自由组织上台签名，学生展示签名条幅。（出示宣传片）

（五）课堂总结，美好祝愿

从刚才的签名活动可以看出，规则意识已经深深地住进了你们心中，老师很欣慰，你们的表现很好，老师和你们一起度过了紧张而又愉快的三十分钟。下面老师将要把这份珍贵的签名条幅送给你们全班，请学习委员上台接受馈赠。愿你们在以后的学习和生活中能时刻牢记规则；课后，请被赞赏者把黑板上的"赞赏卡"领走。祝你们能幸福健康快乐地成长，直到长成参天大树，祝愿我们的明天更美好！（出示幻灯片）

【教学反思】

（一）显著的优点

1. 教学设计独特新颖

教学思路设计符合教学内容实际和学生实际，贯彻落实了新课程要求，给学生以新鲜的感受；教学思路的层次脉络清晰；课堂结构严谨、设计巧妙、过渡自然，时间分配合理；游戏揭题，从学生常见的规则入手，更贴近生活，赞赏卡制作和宣誓活动的开展，让学生零距离受到了规则熏陶。

2. 教学方法灵活多样

教学方法符合教材、学生和教师实际，方法多样化，教师能熟练自如地运用电脑、电子白板等现代化教学手段。四个活动的设计，构建了新的课堂模式，使教学效果显著，让规则意识深入人心，让道德与法治渗入学生心灵深处。

3. 教师教学基本功扎实

教师仪表端庄、举止从容、热情奔放；板书设计科学美观；教学语言简练，生动活泼，有启发性；语调高低适宜、快慢适度、富于变化。对学生的评价语言因生而异、精准流畅、诙谐幽默，在与学生互动时，教师一会儿跷起大拇指，一会儿鼓掌，一会儿与学生握手，祝贺他们的精彩回答。在一次次惊喜中，孩子们积极主动地参与课堂教学。整个教学过程达到了师生和谐、充满趣味的美好境界，教师通过语言优化了课堂教学效果。

（二）有待改进之处

（1）教师应该认真、努力地钻研教材、教法，多向长沙等地的名师课堂取经，争取做到重组、升华并开发教材。

（2）教师必须努力挖掘自己的教学智慧，灵活处理课堂突发事件。

（3）没有最好，只有更好，学无止境，教师应该多渠道、多方面、多角度提升自己的教育教学能力，始终相信信手拈来的从容是厚积薄发的沉淀。

争做新时代好少年

——人教版《道德与法治》五年级下册

【教学目标】

1. 通过研讨实践活动，激发学生对祖国、对党的热爱，激发学生民族自豪感，培养学生作为未来共产主义接班人的社会责任感，使学生心中升腾起为伟大中国梦努力学习的红色正能量。

2. 以解密数字密码的形式，通过观看视频、数字等活动，让学生直观了解中国共产党的历史和红船精神的内涵。

3. 在学习活动中，培养学生善于思考、善于总结、敢于质疑、逻辑推理的优秀学习品质。

【教学重难点】

重点：了解中国共产党的历史和理解红船精神的内涵。

难点：理解红船精神的内涵并付诸行动。

【教学过程】

（一）情境导入

教师手挥党旗，配伴奏音乐唱着《没有共产党就没有新中国》的歌曲走入教室。

师：同学们，你有什么发现吗？

预设：师戴着党徽、唱着红歌走进教室，手里拿着党旗。

师：猜一猜，今天我们要聊的内容和什么有关？

生：党。

师：你们真厉害，知识真渊博。孩子们，我们作为中国人，应该了解自己的祖国，所以，了解党史知识是我们应该完成的学习内容。

师：普通的数字中藏着很多红色的秘密，你们想去探究并解密吗？

生：想。

师：老师现在任命你们为解密大使。今天，请你们运用聪明的头脑、智慧的双眼和能说会道的嘴巴，和老师一起开启解密数字之旅。

（二）活动探究

活动一：开天辟地建党——解密数字密码1921

出示数字密码宝箱（1921）。

师：1921里藏着红色的秘密，你能给它解密吗？

生：能。1921年中国共产党成立。

师：你查阅资料很认真。请跟随老师走进1921年。首先，老师带领同学们认识一艘不平凡的船，红船，它停靠在浙江嘉兴南湖岸边。请看视频。

师：视频中开天辟地的大事指的是什么呢？

生：开天辟地的大事指成立了中国共产党。

师：是谁第一个提出中国共产党的称号？

生：蔡和森。

师：蔡和森同志是老师的家乡双峰的骄傲，更是我们湖南的骄傲。你了解蔡和森和他的家人吗？请看蔡和森同志光辉的一家。

师：中华人民共和国的成立是无数革命先烈抛头颅、洒热血换来的。许许多多人为了革命的胜利，把年轻宝贵的生命定格成了永恒。（播放视频蔡和森牺牲）

师：看完视频，你有什么感受？我们能从他身上学到什么？像这样的英雄还有很多，你能说一说吗？是啊，革命先烈的壮举震撼着在场的每一个人。中国共产党人是中国人民的中流砥柱，有了共产党，才有了新中国。

设计意图：了解历史背景，中国共产党正式成立。结合本土的革命英雄，激发学生了解先烈的革命精神，树立坚强不屈的品质。

活动二：顶天立地强国——解密数字密码2021

出示数字密码宝箱（2021）。

师：2021里藏着红色的秘密，你能给它解密吗？

生：2021年是中国共产党建党100周年。

师：习近平总书记在汝城县文明瑶族乡第一片小学对孩子们说了这样一段话。（播放视频）

习近平总书记说："你们就像小树苗一样，现在我们在这儿给你们浇水啊、培土啊，风雨来了还要呵护你们，最后要长成参天大树，茁壮成长，将来就是中华民族的大森林，人才森林。"

师：亲爱的同学们，党即将迎来100岁生日，作为21世纪的"守船人"，你应该怎么做呢？

小组内说一说，然后将你的豪言壮语写在硕果卡上。

设计意图：引导学生思考，在强国梦实际行动中应该具体做些什么。引导学生树立报国志向，为实现中华民族伟大复兴的中国梦去努力。

（三）全课总结

师：红船精神代代传，中华民族伟大复兴将在你们手中实现。让我们为富强中国梦努力、加油！孩子们，请举起右手宣誓：听党话，跟党走，我是红船精神的传承者，我要做强国少年。我会让自己闪闪发光，让祖国因我而光芒闪耀。

【板书设计】

争做新时代好少年

1921年开天辟地建党

2021年顶天立地强国

【教学反思】

（一）从儿童真实生活出发实现学科内容的整合

教材不是从传统德育的规范体系或德育体系展开学习内容，而是着眼于儿童现实生活的整体性，从学生生活原型出发，重新融入儿童生活，有机整合学习主题。

（二）强化教材的生活指导职能

教材试图以"适应儿童现实生活为起点，帮助儿童实现高质量的幸福生活"作为一以贯之的编写线索和基调，围绕"如何发展儿童判断、选择、适应超越的能力，以争取个人幸福、社会有用性和更广泛的人类福祉"的生活教育主题，突出教材的生活指导意识，发展儿童对幸福生活的感受能力和创造能力。

（1）通过现实情景的捕捉和再创造，让儿童感受生活的美好和快乐，激发其热爱生活的情感。

（2）通过引入儿童生活中的典型问题，鼓励儿童自己在探寻问题解决方案的过程中，参与生活、创造生活，展示儿童多样化的个性和丰富的智慧，培养学生乐观积极的生活态度。

（3）以活动型教学为主要特征的过程导向设计，切实地引导活动型教学的开展。教材设计将改变传统教材编写中以教师的"教"组织教学过程的设计思路，消解以"预设的学习结果"为核心的教材组织模式下课文加练习的刻板结构，将活动型教学中学生的活动过程作为设计的主要依据。

因此，教材试图从学生的学习行为出发组织主题单元，促进学生自主活动，在学习活动的渐次展开中，引导教师重点关注学生学习过程中呈未分化状态的整体学习状态和学习需要，使学生能在活动的不断演进过程中实现原来被课程目标割裂的"情感态度、行为习惯、知识技能、过程方法"目标的自然统整。

（三）让教师和学生走进教材，保持教材的弹性和广泛适用性

各主题单元均选择具有通用性的、可供师生具体真实地参与的活动题材，使教材成为师生开展活动的指导，从而将各地具体的自然、人文资源和经济、文化背景以及师生的经验和兴趣等都纳入课程资源体系，为师生在活动中进行二次开发留有空间。

朝向深处扎根

　　成长是一场修炼，磨炼中的成长能焕发生命之光。教师要善于发现自己的力量，让自己保持自信；要敢于发现自己的局限，让自己时刻清醒；要乐于发现自己的可能，让自己不断奋进。作为学术型的青年教师，要像树一样使劲向上生长、向下扎根，去不断探究教育教学的新路径，去努力成就每个孩子、成全每个家庭、复兴一个民族。

概念教学的方法和策略

数学概念是学生接触与学习每一个教学新知识点必先学习的东西，它对于学生整个数学科目的学习来说是基石一般的存在，教概念最能体现一位老师教学水平的高低。因为一个概念常常是一个内容的起始课，对概念的理解、把握，会影响到对该内容的认识。所以在教概念前，要对概念的价值做出基本判断，才能确定教学目标，进行教学设计。因此有必要对概念进行分类处理。从概念对后续学习的作用上，我将数学概念大致分为三类，下面来聊聊如何教学。

一、为表达方便而设立的概念

如点、平面、直线、射线、线段、三角形、平面图形、立体图形等，这些概念纯粹是为后续学习表达方便而设立，当然也有些是数学上的原始概念。

这些概念的教学，老师们要注重"看、想、画"，不要浓墨重彩，无限制挖掘，以免使学生云里雾里，越学越糊涂。例如，教三角形概念时，只要在黑板上画几个三角形（不同形状），学生看一看、闭着眼睛想一想三角形是什么样子，然后自己画几个三角形即可。不要求学生去背"三条线段首尾连接围成的封闭图形叫三角形"。设立三角形这个概念，是为了表达方便，如同每个人都要取个名字一样。可以说，三角形的内容全部集中在对三角形性质及本身存在的一些量的研究上。三角形的性质，大家研究了上千年，新的发现还在继续。例如，小学学了三角形的高、内角和、周长与面积，等腰三角形与等边三角形等，初中学了三角形的高、中线、内角平分线、边的垂直平分线，三边关系定理，内角和定理的证明，重心（三角形有"五心"：重心、垂心、内心、外心、旁心），三角形的全等与相似等。这么多内容，唯独在向量里，三角形三边所在的向量和为零向量，在此用到了三角形是封闭图形，其他内容都不用到三角形的定义。

二、具有推理依据的概念

平行四边形、梯形、矩形、正方形、菱形、圆、角平分线、余角与补角等几何概念，本身就是以后进行推理的依据。教这些概念时，就要教得细致、扎实，切不可一晃而过。例如，在小学教平行四边形的定义时，一定要学生指出"两组对边分别平行"的意思，即画一个平行四边形，说出哪边与哪边平行，而且要同时平行，缺一不可。教师不仅要讲，还要让学生独自、对照图形说说，还得闭上眼睛，脑子里有个平行四边形，默默地想想哪两边平行。有了这个基础后，老师还要提供摆放不同的平行四边形，进一步让学生识别，并说说其为什么是平行四边形。只有这样，从不同方面强化学生对平行四边形的认识，才能使平行四边形的定义入眼、入心、入脑。之后，再出示一组图形辨认题，要学生找出图中的平行四边形，并且要说清楚为什么是平行四边形，为什么不是平行四边形。经过这样两个扎实的环节，学生对平行四边形的概念就会牢固。

在教学中，有些老师由于认识不到这些概念的重要性，教学往往显得轻飘飘的。学生集体读一遍平行四边形定义，老师讲讲就完事了。看似与上面的环节没多少区别，实则没有落到实处。顺便说一句，我们经常说要学生参与到数学学习过程中去，就必须要有学生的眼、手、心、脑独立地进行数学学习的活动。不然，就是一句空话。

三、具有解题方法功能的概念

如周长的概念，蕴含了求周长的方法。长方形周长公式学生都记得，可用四条边加起来就是周长，往往很多人就不会用。为什么会出现这种情况？问题还是出在教学上。在教周长概念时，老师重视了周长的理解，忽视了周长所蕴含的计算方法。这是其一。在教长方形周长公式时，老师急于得到公式，忽视了公式的推导过程。这是其二。于是，我们就要想想类似周长这样具有解题方法功能的概念如何教的问题。

在理解概念的基础上，不忘解题方法的揭示。在学生理解了周长的概念之后，老师们一定要揭示要算一个图形的周长，就是将边线全部加起来，并配一两道小题算算。在讲长方形、正方形周长时，回到周长定义，然后对式子变形，得出周长公式。

又如，讲正比例与反比例时，在理解了两个概念的基础上，用字母表达出量的关系。这样做有两个好处：一是小学阶段如何判断成正比例与反比例，就可以在此基础上依据关系式判断；二是到了中学，学正比例函数与反比例函数，求解析式就要用到这种方法。

临渊羡鱼，不如退而结网。小学数学教学缺的是连通实践的桥梁。所以对概念教学要理解深刻，全面审视，挖掘概念背后的外延。这样才能让数学教学之路越走越平整、越走越宽敞。

浅谈体验式教师培训路径探索

教师是教育工作的核心。有高质量的教师，才会有高质量的教育。为立足教学基本功提升，助推青年教师成长，作为城南学校的副校长、娄底市小学数学网络名师工作室的首席名师，近六年来，我全力倾注于青年教师的培养，共辅导了40多位在职教师拿到了部级优课，获得省、市、县、中心校教学比武一、二等奖；同时，培训了各学段、各学科参加教师资格证及考编面试者300余人。

学问是经验的积累，才能是刻苦的忍耐。我按照库伯经验学习圈理论，根据OBE教育理念，采取"导、驱、学、练、展、评、用"七步实施路线，经历"具体经验、省思观察、抽象概念、主动验证"四个阶段，摸爬滚打、栉风沐雨行走在青年教师培优辅差的路上，摸索并整合出一条具有个人特色的培训路径，为娄底市教师队伍的建设贡献出自己的微薄之力。

一、学习反思，积累经验

经过多年在高中、初中、小学教学一线孜孜不倦的工作，通过坚持不懈的努力，我有幸代表双峰县参加了各种国家级、省级、市级教学比武，近年来共获得二十多次教学比赛一等奖。以赛促教、以赛促学、以赛促改、以赛促建，比赛让我不停地自我反思、拔节生长，积累丰富的参赛经验。我对教育教学、教研教改有了更深层次的热爱，而我迫切地想将这份"热爱"与同人们分享。青年教师是教育的主力军，所以我尝试着与青年教师一起成长、共同进步，积极投身到"体验式教师面试培训"的工作中。

"从行动可以归纳出经验，把经验可以升华为规律，再用规律指导行动。"为了点燃青年教师你追我赶、不甘落后的学习劲头，使其实现独立思考、稳步前进，我采用了"一对多"和"一对一"混合培训模式。培训过程可以分为：熟、读、写、试、定、背、回、考。首先，以本为本，熟悉教材内容、通读课标，分类型制定试讲模板并根据模板思路，逐课逐字写出教学设计稿；其次，进行初次试讲并根据实际情况整合创新教学设计并定稿，卡点定时间；再次，背记定稿后的教案，再次回笼试讲；最后，进行考前模拟考。整个培训周期为期10～20天，每个阶段进行任务驱动。那么，如何在短时间内实现青年教师教学能力质的飞越呢？

二、学用结合，总结提升

很多青年教师在培训前是没有上过一天讲台的"小白"，给他们提供各学科、各类型试讲模板能收到事半功倍的效果。如何做出凸显热点气息、有创新意识、与众不同的试讲模板呢？

义务教育新课标呼唤的新教学不是点滴和局部的创新，而是整个育人方式和培训模式的创新。把知识转化为素养是核心素养导向的教学的最高命题，因此对教师的知识、能力等要求更高。我在学中做，在做中学，学用结合，理论联系实际。通过几年通宵达旦的学习和摸索前行，深入领悟2022年版各学科新课标后，我敲定了最新版试讲模板。例如，小学语文模板充分围绕核心素养教学目标，以任务群方式进行学习活动设计，突出大单元等先进的教学方法，并适时开展学科融合和教学创新，最后还设计了教师寄语环节，力求使模板体现单元教学效益的最大化和学生素养提升的最优化。为了突出模板的与时俱进，每年积极进行模板更新、修改也必不可少。

青年教师拿到模板后，我会与他们进行深入解读，详尽地告诉他们应该如何处理教材才会使教学设计锦上添花。在讲解过程中，详尽地将模板内化、活化，使青年教师能对模板进行创造性加工，达成以教学情境化实现教育生活化的目的。

当青年教师会灵活运用模板并按不同类型按时按量做好教学设计后，即安排首轮试讲，进行反复磨课。通过精确试讲时间，进行实事求是、精益求精的点评，对试讲前后的问候和致谢进行设计，播放精彩上课录像视频、上课表情包照片等多种形式，严格要求青年教师的每一句话、每一个表情甚至每一个眼神，直到他们内化于心，能够形成一种教学习惯，并实践于自己的教学中，使他们受益匪浅。

2022年，青年教师戴金说这套宝藏模板，使她在短时间里从数学老师蜕变成自信的语文老师。教师李海霞曾感慨："死水一般寂静的我，泛起了那舒展的波澜，人生终于有一次逆袭，感恩能够遇见刘老师，感谢刘老师教导有方。"

三、终身学习，共同进步

教师专业发展是一个持续学习、不断调整适应的过程，不仅需要教师自身的努力，还需要以丰富教学经验与其他教师之间保持联系、共享资源。教师在专业成长的道路上，应保持与同事之间、不同结构教师之间的交流学习，协同发展。

成为教师不是终点，而是起点。教师不仅要用脑，更要用心去关爱孩子，用爱去浇灌孩子。在青年教师育人的路上，我能陪伴他们一起成长，在他们的教学路上及时答疑解惑，这是我对教育事业的爱心传递。期待在今后的教育路上，有更多志同道合的朋友一起热爱教学，为教育教学添砖加瓦！

强学力行，将思政课上得有滋有味

一日之计在于晨，一年之计在于春，一生之计在于勤。作为双峰县刘娟小学道德与法治学科工作室的主持人，我很高兴也很荣幸，能站在永丰中心学校这个平台上来跟大家做分享。关于小学道德与法治这门学科，从2015年开始，我要么作为参赛选手，要么作为指导老师，代表双峰县在省市赛课的路上风雨兼程，也收获满满。

一、更新理念，把准学科的特征

立德树人要从娃娃抓起，更要从儿童的道德教育抓起。想要教好小学思政，我们必须先从整体理念开始。小学道德与法治是儿童的，不是成人的；是生活的，不是学科的；是开放的，不是封闭的；是融合的，不是割裂的。为什么说小学思政课是融合的呢？因为它是多学科话题的融合，多元素的融合，人与世界的融合。其教学策略要体现教学的价值化。一堂好的小学道德与法治课应做到：教学目标班本化，教学内容问题化，教学问题活动化，教学活动情境化，教学情境生活化。我将联系自己设计的一个具体的教学案例来详细解说。"低碳生活每一天"这堂课，2020年获得了"一师一优课，一课一名师"省级优课。

下面，我结合这堂课来讲一讲教学策略。

（一）教学目标班本化

这堂课的教学设计，有来自书上的承袭成分，更有创新成分，如设计有三维目标，有体现个性的成分，从歌曲欣赏开始到全班宣誓结束；有最基础的来自课本上的图文，更有高阶的法律条文和习近平总书记与世界的绿色约定；有体现本土城市特色的双峰县气温数据以及世界美丽岛国的图片，更有来自农村的干旱加剧、秸秆燃烧、乱砍滥伐等问题。

（二）教学内容问题化

本课设计有一条有层次性、趣味性、聚焦性、深入性的问题链，一共用七个问题来突出重点、突破难点。

（三）教学问题活动化

本课设计有五个活动。活动一：《低碳贝贝》唱低碳；活动二：全球变暖聊低碳；活动三：全球变暖带灾害；活动四：拓展延伸找低碳；活动五：低碳生活我宣签。

（四）教学活动情境化

本课最后将行动内化到实处，设计了让孩子们难忘的"老师倡议，全班宣誓，签名贴硕果卡"环节。

（五）教学情境生活化

教学情境生活化具体体现在本课用到的事例、图片、视频等全部来源于我们的日常生活，走进生活才能亲近生活，来源于生活更高于生活。

在平常的教学中，我们应该学会精心备好一堂课，只有弄懂了小学道德与法治学科的理念和教学策略，才能更好地服务于教学，才能更好地教育学生。

二、强学力行，收获成长的幸福

于我而言，要求老师把课上好，自己必须先上好；要求学生做到的事情，自己必须先做到。作为娄底市首批刘红霞小学德育名师工作室的核心成员，我牺牲所有休息时间、娱乐时间，积极配合首席高效高质地完成了各项工作，刘红霞小学德育名师工作室连续三年被评为"优秀名师工作室"，而我也连续三年获得"名师工作室优秀学员"称号。待在一个名师工作室，除了做好分内的事情，我更是一直在做追光者。名师工作室的线下集中研修活动一共开展了六次，我即使忙到半夜不睡觉也会提前到场，每次活动我都自告奋勇承担任务，或当主持人，或上示范课，或做讲座。如果不走出去，我永远都是一只井底之蛙！

三年中，长沙、株洲、娄底、冷水江、新化等地留下了我的足迹，我向请来给我们上课的左梦飞、李炳煌、龚明斌等专家努力学习，不光学，还笔耕不辍，并学以致用。在这样高规格、高压力、高强度的学习之下，我的教学设计、听评课、写作反思、指导参赛等能力飞速提高。因为勤奋，我得到了省、市多位伯乐的高度认可；因为坚守，我获得了众多展示自我的机会。

成长着，苦乐如歌；蜕变着，化蛹成蝶；拼搏着，幸福开门。

三、不断磨砺，将思政课上得有滋有味

在娄底市城南学校及外校的公开课评课现场，我经常会说到一句话："小学所有学科中，如果你能设计好小学道德与法治课，那么其他的学科做教学设计就是小菜一碟了。"因为，要设计一堂出彩的小学思政课，实属不易。近五年，我独立设计过十四堂课，指导老师们设计过六堂课，均获省、市一等奖。

一个人天生不会干的事情很多，但通过向网络、他人、书本学习后就可以化腐朽为神奇。湖南省基础教育资源网上有全国各地部优、省优课，老师们可以免费学习。通过观课，你会受益匪浅。网上有很多很好的教学设计、课件、视频等，你可以取其精华，弃其糟粕。多看、多思、多写，你的教学设计能力就可以与时俱进。如何打造一堂精品小学道德与法治课？我的做法是这样的：首先，做教学设计，要全神贯注设计一堂课。我经常自己闭关一天一夜来完成。很多时候，没干好，我是吃饭不香、睡觉不安的。自律成就优秀，于人于课都这样。其次，根据教学设计做幻灯片、视频、音频等素材。再次，熟悉、背诵教案，再进课堂磨课，磨课的过程很痛苦。出去赛课，我会自己给自己磨课至少三次；老师们磨一堂好课，我至少跟踪听课五次，多堂课跟踪听到十次以上。最后，根据实际试讲的情况，调整教学设计，修改教学设计，身体力行进行示范，帮忙改幻灯、合成视频。这样千锤百炼磨出来的课，才能像模像样，上起来才有滋有味，才具备竞争力。

一堂好课，素质好点的老师，至少需要磨课十天；素质差点的老师，没有一个月打磨不好。这几年省级、市级的赛课，最后拼的就是教学设计，创新、融合、整合成为主流、关键。关于教研活动，我认为不在乎多，而在乎精。如果光图多而不精，反而会一损俱损。老师们的成长需要时间，拔节需要内驱力，做个执着的幕后推手，我累并快乐着，苦并坚持着，忙并收获着。

　　人生是一场修炼，磨炼你成长的终究会成为生命中的光。作为老师，特别是小学思政老师，我们应该努力做政治强、情怀深、思维新、视野广、自律严、人格正的新时代好老师。发现自己的力量，让自己保持自信；发现自己的局限，让自己时刻清醒；发现自己的可能，让自己不断奋进。成长每一位老师，成就每一个孩子，成全每一个家庭，是我始终努力的大方向；思政课与数学课的整合、融合和创新，是我坚持探究的新路径。道阻且长，在以后的工作中，我还有众多需要改进和学习的地方，还需不断学习、加倍努力！

痛与责任同在　苦与使命同行

疫情肆虐存止日，春暖花开会有时。2020年的武汉，充满悲痛和凄凉的黑色；2020年的春天，则充满温暖和感动的绿色。这场抗争疫情的经历告诉我们：只有真才实学，才能在关键时刻拯救自己、保护大家、报效祖国。亲爱的老师们，我们干着太阳底下最光辉的事业，承担着培养社会主义建设者和接班人的重任与使命。我们的初心不是说出来的，而应该是真刀实枪干出来的；我们的幸福不是靠运气滋生的，而是奋斗出来的；我们的责任是扛在身上、住在心间、落实在行动上的，而不是嘴上说说、作秀给人家看的。我来自教育一线，是从普通的一线教师成长起来的，也许我的成长故事不是最感人的，但一定是最真实的，应该是催人奋进的。下面，我将采撷一些成长小故事，和大家一起分享，希望对成长路上的你有所帮助，有些启发。

一、心若向阳，何惧风雨

"付出不一定有回报，但不付出一定没有回报。"记忆的闸门像溃堤的坝，又让我顺着时光轴回到2016年3月，那个让我永生难忘的春天，那段让我重新燃烧的时光……

生活不是等着暴风雨过去，而是学会在暴风雨中跳舞。在这之前的三年，我得过一场重度抑郁症，没有得过、了解过这病的人觉得这个心理疾病是矫情做作、吃多了撑的，但只有医生知道严重到澡也不会洗、衣服也不会穿、三年睡不着的程度，是随时会自杀的。靠药物治疗终究无法解决问题，为彻底战胜抑郁症，只能靠无比强大的内心和充实的工作！在没有一个人看好，屡次遭人嘲讽和看低，吃激素药胖到面目全非的状态下，我最终决定改变自己，重新扬起热爱生活的风帆，找到生命的价值和意义。

听说娄底市要举行一次道德与法治赛课活动，我找到县教研室我的点灯人——刘韶红老师，毛遂自荐要去参赛，记得刘老师沉思片刻后，带着期许地说："那就试试吧！你赶紧准备教学设计和课件，下周我来你们学校听课。"我清楚地记得当天回家后的那晚，我就开始着手找教材备课，忙到凌晨竟然初次有了想睡觉的感觉，直觉告诉我这是一个良好的开端。尽管我在2005年拿过梓门镇初中语文教学比武第一，但毕竟代表县参加市级的比赛还是第一次，为了不辜负刘老师的期望，我认真准备了这堂课。在刘老师的点拨和鼓励、彭娟飞老师的建议和陪伴下，我夜以继日不断优化教学设计，改变教学策略，提高课堂实效，先后在县内七所学校试讲过十五次。最终，功夫不负有心人，初次赴市参赛就拿下了全市第一名，并代表娄底市参加了湖南省第11届小学德育课程教师教书育人风采竞赛。

获省奖的那个晚上，三年来我第一次彻底放空自己，一觉美美地睡到天亮。事实证明：走教研教改之路，可以让我打败病魔，重识信心，找回尊严。在这以后，我的工作、生活迅速回归正轨，我也找回了曾经那个意气风发、大胆自信的自己。也就是从那时起，我一发不可收拾，前后二十多次参加国家、省、市的比赛，获得的满满两袋荣誉证书是这段峥嵘岁月、多难年华的最好见证！站在人生的低谷，我咬紧牙关、徒步开路、徒手凿光，充分利用下班后、双休、寒暑假时间疯狂提升自己，不厌其烦地观看专家讲座、名师授课视频，不知疲倦地奔跑在向省市各名师工作室的首席名师、老师们学习的路上。因为我知道，教育之路没有终点，更没有任何捷径，只有脚踏实地的努力和点点滴滴的积累，才能让我从容地行走在教育的阳光大道上；只有为梦想实实在在拼尽过全力，此生才无憾！

二、读书长翼，写作拔节

"信手拈来的从容，都是厚积薄发的沉淀。"真正读书的人，从来都不缺少自由的灵魂，他们的内心无比丰盈，也无限坚韧。

目前，作为一所学校的教学副校长，我还兼任一个毕业班的数学教师，负责学校所有通讯稿的撰写或修改，要策划、筹备学校大型活动，还同时穿梭在三个市级名师工作室，且跨学科。想想这样高强度的工作量，我还有时间读书吗？上班时，利用零零星星的碎片时间读书，如上厕所的时间，别人用来闲聊的时间，走路的时间（听书）……那写作的时间怎么挤？2019年，我校在各级媒体上共刊登稿件近70篇，而通讯稿必须讲究时效性，因此活动进行时，我就将一心二用发挥到极致，事先在脑海中构思好，活动结束马上花二十分钟敲出来，有时也难免出点小错；老师们发来的稿子，我大都牺牲午休时间字斟句酌地修改，很多时候，改一篇稿比写一篇稿更耗时。而我自己的教学论文、教育随笔何时写？我经常是心生一计、灵感一现，半夜爬起来写。因为睡醒一觉后，头脑真的清醒，思维也活跃，效率自然高，写完后再睡个回笼觉。这样提高工作效率的金点子，是我从娄底市小学德育名师工作室首席名师刘红霞校长那儿学来的，经我多次验证，确实是个提高效率的好办法。

四年来，书成了我最贴心的朋友，正能量鸡汤文通读，教育教学书籍研读，美食养生书粗读，古典诗词反复品读……别人的冷嘲热讽影响不到我，半夜先生的劝说干扰不到我，而我多堂课例设计的灵感就来自广泛阅读；头脑中可以随时随地提取的名句、好句，也来源于沉心阅读……我经常挂在嘴边的一句话是：书是我的风华，可以不让我吃饭、睡觉，但绝不能不让我读书。

四年来，我在《湖南教育》《娄底教育》等报刊及省市新媒体上发表了近30篇教育教学、教研教改论文及随笔。我手写我心，我文表我意。写作这个爱好，使我激情澎湃、青春飞扬、体力充沛。

此生，唯爱和美食不可辜负，唯读书和写作不可耽误！倘若内心向阳，且足够热爱，与文为友的日子一定滋味丰足。

三、辅导增彩，培训丰羽

低级的快乐通过放纵可获得，高级的快乐通过自律可赢得，而顶级的快乐只能通过煎熬才能取得。作为教学副校长，我的快乐是什么？是近三年来，我辅导的10多位老师拿到国家级优课，获得省、市、县教学比武一等奖。作为教师，我的快乐是什么？是所教的学生品行好、学习好、素质好，且不断有进步。但这样的快乐并非终极快乐，我最大的快乐，来自近三年来，我辅导的100多个各学科考编面试及教师资格证面试考生带来的改变命运的喜讯，这些好消息和顶级的幸福，我喜欢和月亮、星星分享……

2019年，我培训的教师考编面试及资格证面试通过率第一次达到百分百，培训过程中所遭受的苦难和劳累我只能独吞，而培训的方式方法、激励手段等也许能成为我的特色。我认为高质高效的成人培训，得益于一直以来，我在努力做全科型小学老师，我教过十二年小学语文、五年小学数学，还任教过小学所有的科目；我的成绩还得益于我有高中及私立学校中学的教学经验。我常常告诫自己：我不能把课上好，就没有资格去评其他老师的课；我不能写出高质量的好文，就没有资格去改其他老师的文章；我自己不热爱读书，就没有理由去要求学生热爱阅读。这些魔鬼般的高要求、严作风，几年内练就了我边听课边记录边写出1000字评课稿（下课前）的能力，让我拥有了临时做各科各类面试模板的本领。

直至今天，我才深刻体会到：只有自律，才能收获真正的成果。行走着，风雨兼程；成长着，苦乐如歌；蜕变着，化蛹成蝶……

四、感恩前行，憧憬未来

一路走来，恩人相助；四年下来，贵人涌现。感恩生命中的一切失败和失去，难忘十天做成的竞聘视频被直接毙掉；更难忘一个月反反复复十多次易稿改稿，多方请教，曾交给专家过目的课题被评为倒数第二名……也许我是个情商很低的人，因为黑的我一定不说成白的，白的也休想让我描成黑的。在外人眼里，也许我是个优点突出、缺点显著的异类，但我是石灰，泼我冷水我就沸腾。所以，我还要感谢曾经讥笑、看轻我的人。我更要感谢冷水江市中连乡中心小学的刘红霞校长、涟源市教研师资培训中心的王丽燕老师等我专业成长路上的资深引路人，没有她们的督促和指导，就一定没有我潜行的动力和方向……

"路曼曼其修远兮，吾将上下而求索。"教育需要蓝天的澄净，大海的广博，更需要一批批志同道合、有着理想信仰的同行者！

尼采说过："每一个不曾起舞的日子，都是对生命的辜负。"我也想说：一场春雨一寸暖，一夜春风山川绿，亲爱的老师们，那就让我们妙曼起舞，去见证教育路上的一次次春暖花开吧……

走向内外兼修的综合实践及科技创新之路

"一名好校长就是一所好学校。"2008年下半年，在双峰县大多数教育人还不了解"综合实践及科技创新活动"这门课程的情况下，当时在任且敢为人先的王维民校长，毅然决然地在我校推广"综合实践及科技创新活动"，并将其设为我校一门常规课程。"一花独放不是春，百花齐放春满园"，通过历任校长对课程的认真摸索和强力推进，十年城南学校"综合实践及科技创新"课程之路历经生根、发芽、开花，正值硕果满枝头。

一、逆袭反转，华丽变身

没有逆转的剧本，不是好剧本。而城南学校的教育剧本中恰恰出现了剧情大逆转。在学校第14届综合实践及科技创新活动成果汇报四年级组的现场，偌大的讲台前站着一群孩子，但其中有一个极其特殊的女孩，她就是（22）班的子怡。她曾是一个不被人接纳的轻度抑郁症患者，也是一个令父母肝肠寸断的怪孩子，更是一个多次考试交白卷、让老师无可奈何的留级生。而此次汇报中的她，声音洪亮、口齿清楚、举止大方、自信沉着，更可喜的是，这次期中考试，她竟然拿下了全班第一名。

子怡的华丽转身，让班主任徐老师喜出望外、感慨万千。要知道，当初接手时，这个孩子是不进教室的，还哭得稀里哗啦，更不能接受任何批评，是个只有哄着捧着的"奇葩"。为了调动她各方面的积极性，该班各科老师可谓是八仙过海，各显神通。为了"拉拢"她加入班级综合实践汇报小组的队伍，徐老师还独具匠心地谱写了"三部曲"：第一次讲时，子怡睁着一双惶恐的眼睛望着她，但对老师笑笑；第二次下达任务，她欣然接受；就在登台的前一天，子怡还是不能熟练地背出,徐老师特意批评了她,但她竟然接受了指责。其实,所谓的成功教育,就是把不可能变成可能、把怪才变成人才,让绝望中的生命散发出耀眼的光芒,让挣扎在崩溃边缘的孩子华丽转身……这仅仅是城南学校开展综合实践及科技创新活动的一道缩影。一路走来,我们战胜了挫折和困难,付出了努力和汗水,产生了影响和效果,得到了鲜花和掌声。

二、强力推动,应运而生

难忘2008年的那个秋天,王维民校长在校务会上宣布,要率先在我校开设综合实践及科技创新课程。当时,包括校务会成员在内的很多教师都十分迷惑,绝大部分教师对此抱有抵触情绪——"这分明是在加重我们的教学负担",埋怨、消极、抵触情绪在教师中迅速蔓延。面对这一情况,"铁腕"王维民校长首先召开校务会,使领导班子统一思想、提高认识;通过阅读大量专业书籍,摸石过河,亲自撰文,并在教师会上做了《综合实践及科技创新活动的浅见》专题发言,就活动开展的意义和实施的方法进行专题讲解与指导:"我们培养的不是只会读死书的书呆子,我们培养的是'会做人、会读书、能干事'的综合人才"。王校长现场拍板:"开展综合实践及科技创新课程毋庸置疑,必须实行"。

清楚记得时任龚炜才校长亲自下班督促各班活动的开展,还给个别班级出谋划策。每次的活动汇报现场都能看到他忙碌的身影,听到他精彩的点评。2017年春季中小学分流后,陈赞海校长接任小学校长,他指出学校要在发展中寻求创新,并力争通过开展综合实践及科技创新活动,做到"发展特色,追求卓越"。

历届校长们亲力亲为的工作作风和春风化雨的奉献精神,改变了教师们的教学观念,提高了他们的指导水平;班主任参与活动的态度从勉强为之到乐于接受,再演化成一种自主向上的行为。经过十年的摸爬滚打和奋勇探索,学校已初步走上以校为本、校内外兼承的综合实践之路。

三、科学规划,敢于实践

综合实践及科技创新课程开展的目的是让学生通过实践增强探究和创新意

识，能从个体生活、社会生活及大自然的接触中获得丰富的实践经验，形成并逐步提升对自然、社会和自我之内在联系的整体认识，具有价值体认、责任担当、问题解决、创意物化等方面的意识和能力。

在课时安排上，我校综合实践及科技创新课时安排采用弹性课时制，即并不固定为每周星期几哪节课为综合课。一般来说，我们会在每年寒暑假放假前一个月布置任务，各班自行确定主题，根据实际情况确定参与人员，制订切实可行的实施计划，学生利用假期时间进行探究、实践，掌握大量的第一手资料。假期结束后，学生在教师的指导下，对资料进行整理、分析，汇报时间一般在开学后第二个月。

在确定主题上，我们遵循"问题从学生中来，研究在学生中进行"的原则，要求活动的主题切合实际，健康向上。例如，2011年上学期，中（17）班的"网络的影响"，就针对初中生沉迷于游戏而荒废学业的情况进行调查。活动结束后，很多同学纷纷走上讲台决心要与网游"决战"。2012年，中（19）班的"把手机带回家"这一主题活动的开展，使同学们认识到中学生带手机不仅会使同学之间形成相互攀比的不良风气，还会严重影响学业，甚至会滋生不安全因素。2017年，小（14）班开展的主题为"我与蔬菜交朋友"的综合实践活动，不但让小朋友们明白了劳动最光荣的道理，还让他们了解了蔬菜的营养价值高，培养了孩子们爱吃蔬菜和用蔬菜创造品质生活的好习惯。像这样类似的主题还有"压岁钱的使用""珍惜粮食，从我做起""我让妈妈露笑脸""我们要做雷锋式的好少年""中小学生的消费情况调查与思考"……这些主题的确定都是通过班会或小组讨论的形式完成的，而这些主题活动的开展，不仅锻炼了学生的个人能力，更重要的是引导他们走上正确的人生道路。

在活动的实施中，我们主要以活动小组的形式进行。确定主题后，在班主任的指导下，同学们根据自己的特长或爱好加入活动小组，一般包括：调查组、采访组、收集信息组、统计组、整理数据组等。活动开展的主战场常设在校外，所以这些组又由若干小组进行分工、合作。班主任为了帮助学生更好地完成课题，往往在班上开展一系列具有针对性的方法指导课，而家长们也时常成为孩子们的好司机、好护卫、好帮手。在学校和家庭的通力配合与积极合作下，同学们带着愉悦、怀着好奇、满腔热情且身心愉悦地投入活动中，在活动中不断成长和进步，在活动中体验过程的快乐，在活动中享受成功的喜悦，在活动中学会了团结协作、开拓创新，懂得了人与人之间的交流、事物发展的规律……

在成果展示中，以班为单位，分年级进行展示。成果汇报时，高年级组那一份份真实的调查问卷，历尽艰辛拍下的照片与制作的视频，精美实用的PPT课件，让参评的老师与家长都不敢相信这些是出自小学生之手，汇报中的精彩讲解与深刻反思常常博得评委们的阵阵掌声。目前，小学一、二年级尚未参与成果汇报，学校正在设想：为调动低年级学生积极性和提高他们的综合素质，降低难度并结合低年级学生年龄特点，让一、二年级学生也尽快加入汇报行列。

在汇报总结中，各班指导综合实践活动的老师填写《教师评价表》，参与综合实践汇报的所有学生填写《学生评价表》，再由学校组织全体参与听课的教师进行认真细致的评课，从学生在活动中参与的态度、学习方法的掌握、实践能力的发展、活动体验的获得等方面着手，全面客观地进行评比、评奖，并趁热打铁选择时间为班级和个人隆重颁奖。

四、努力耕耘，喜获丰收

综合实践活动充分体现了学生在学习中的主体地位，他们探究的是自己感兴趣的话题，研究的是自己想要研究的内容，学习的积极性、主动性不言而喻。学生们饱含"我要学"的状态。活动使他们走出静态的常规学习模式，走进自然、社会，大大提高了他们的学习热情，增强了他们的自信心，培养了他们的责任感。潜意识中，他们都觉得"我很棒"。现在，随时走入城南学校的任何一间教室，看到的是干净的地面，整齐的课桌；课堂上的孩子们个个生龙活虎、欢声笑语，他们主动、积极地参与到课堂中来，充分展示着自己，不再把学习当成一项任务，而是一种享受。课堂外，他们也不会因为老师一句善意的批评而顶撞，不会因为一件小事与同学争得面红耳赤，甚至大打出手。"老师好""叔叔好""谢谢""对不起""没关系"这些礼貌用语时刻飘荡在校园，孩子们会随手拾起飘落的纸片，顺手关掉滴水的龙头，主动扶起摔倒的弟弟妹妹……

综合实践活动的开展，承载了十年来学校大力推行学生素质教育、培养学生创新精神和实践能力、创建和谐校园的丰硕成果。

五、深刻反思，展望未来

当然，我校综合实践及科技创新课程开展至今，也有不够完美之处。首先，安全工作一直是萦绕在我们心头的一个永恒话题，如何做到"安全、愉悦、高效"地开展活动是我们要继续探索的主题；其次，在现有教学条件下，把劳技课、科学课、地方校本课等有形的文化课与无形的综合实践及科技创新课有机结合起来，最大限度地挖掘学生的潜能，也是我们要为之努力的方向。

"路曼曼其修远，吾将上下而求索。"相信经历了刻苦钻研、总结拔节、时光打磨的综合实践课程将会熠熠生辉、破茧成蝶……

为阅读教学插上信息化翅膀

——双峰县永丰镇中心学校"互联网+阅读"教学路径探索

　　阅读作为教学中最为基础的内容，对学生核心素养的构建具有重要意义，随着新媒体阅读的兴起与互联网技术的普及，传统纸质阅读时代开始步入数字化阅读时代，为课外阅读提供了新的渠道。缘于我国香港"阅读·梦飞翔"基金项目的双峰县阅读教育正在蓬勃发展，"互联网+"给双峰阅读教学带来新的发展契机。如何将互联网资源充分应用到阅读教学过程中，有效改变学生的学习方式和教师的教学方式，探索"互联网+阅读"教学路径，是双峰县永丰镇中心学校阅读教育实践与研究的重要课题和努力方向。

一、案例背景

　　在纸质媒介阅读时代，人们阅读范围受限，只能从书店或者图书馆等有限的资源中进行阅读。随着科技的发展，阅读模式发生了翻天覆地的变化，中国互联网络信息中心（CNNIC）2019年发布的第44次《中国互联网发展状况统计报告》显示，截至2019年6月，我国网民规模高达8.54亿，互联网普及率达61.2%，我国在线教育用户规模达2.32亿，占网民整体的27.2%。"互联网+教育"横空出世，2019年，《政府工作报告》明确提出发展这种新颖的模式，促进优质资源共享。国家通过互联网手段弥补教育短板，为青少年通过教育改变命运提供了可能，为我国各地区教育均衡发展提供了有利条件。信息化技术已经渗透到教育领域中，一场信息化的颠覆性变革正在发生，绝大多数人已具备运用新媒体进行阅读的能力。

"互联网+阅读"教学模式是基于新型的互联网技术发展而生的阅读教学模式。通过互联网，我们可以突破时间、空间的限制，精准地获取阅读素材资源，改变阅读素材的展现形式，使阅读素材与学生之间形成新的连接纽带。以电脑、班班通等为代表的新媒体为学生课外阅读开辟了新天地，不仅提供了设备支持，拓宽了人与人之间的交流渠道，使学习行为无处不在，更为教师的教和学生的学搭建了新的平台。在学生的课外阅读指导中使用"互联网+资源""互联网+平台"等措施，能有针对性地指导学生的课外阅读，帮助学生提高阅读能力，掌握正确的阅读方法，养成喜爱阅读的良好习惯。

我国香港"阅读·梦飞翔"基金项目进入双峰县十一年，为学生打开一扇通向知识殿堂的大门，在让学生尽情享受阅读的同时，培养了学生良好的行为习惯、阅读习惯、学习习惯，提升了学生的阅读素养。在"互联网+"的大趋势下，双峰阅读教育迎来新的发展契机，为推进阅读工作，实现高效优质持续发展，本文聚焦课外阅读教育信息化的深度融合与创新发展，思考如何将互联网资源充分应用到阅读教学过程中，有效改变学生的学习方式和教师的教学方式，探索"互联网+阅读"教学路径。

二、目前阅读教学现状

（一）缺少阅读资源

传统形式的阅读教学，教师需要大量的书籍和阅读素材，这些需要投入大量的资金成本。而偏远贫困地区的农村学校缺少一定的经费，无法建设完备的阅读基础设施，阅读资源有限，限制了学生阅读范围。大部分学校的图书馆只在数量而未在质量上进行图书配备，图书馆功能被弱化，大大影响了学生的阅读量，影响阅读课程的建设与实施。

（二）阅读条件限制

以往的阅读课上，学生课外阅读时间不够，无法享受阅读，时间的利用率不高，加之学业任务重，无法深入阅读和高质量地互动交流，阅读教学的开展流于形式。时间和条件限制使得课外阅读难以满足学生的需求，学生缺乏一种高效、便捷的阅读渠道。

（三）主体地位倒置

目前，学生的阅读基本上以老师为主，在老师、家长的引导和帮助下完成。在这个引导和帮助的过程中，老师的地位过高，往往忽视了学生的阅读主体地位，学生的阅读积极性不高。大多数学生开展课外阅读，是为了完成老师的任务，阅读时囫囵吞枣，缺乏自主思考。

（四）阅读态度消极

书籍厚重，面对枯燥乏味的文字，学生提不起阅读的兴趣，望而却步，感受不到课外阅读带来的幸福和快乐。如果学生的阅读行为一开始就缺乏感情基础，缺乏深入挖掘和思考文章、书籍中问题的动力，势必会造成阅读效率低下，使学生养成浅阅读的不良习惯。

（五）缺乏科学手段

"互联网+阅读"正处于探索阶段，对"互联网+阅读"尚且认识不足，教学探索缺乏科学手段和路径，无信息技术支持和专业信息技术人才，"互联网+阅读"难以收到应有的效果。

三、"互联网+阅读"的有效策略

（一）巧用多媒体

1. 阅读指导课

阅读指导课通常有三种类型：阅读前的"导读课"、阅读中的"推进课"和阅读后的"交流课"。教学中，教师可充分发挥互联网独特的优势，把文本、声音、动画、视频等有机结合起来，制作精美生动的课件，力求用活泼的动画、动听的音乐、绚丽的图片等吸引学生，降低阅读难度，引导学生走进课外阅读。

2. 整合计算机课和阅读课

学校每周开设一堂阅读课，由各班的午读老师有规划地进行教学，同时请计算机老师给予技术支持。在阅读课的交流中，学生和老师可以利用多媒体、网络等平台对学生阅读的文本进行有效补充，加深学生对文本的理解。在多媒体教室开展共读一本书活动，教师循序渐进地指导学生如何进行课外阅读，训练阅读策略，让学生习得阅读方法。同时建立学校电子书库，给老师和学生提供丰富的阅读资源，学生课上课下只要有时间、有意愿，都能畅通无阻地进行阅读。

3. 好书推荐

学生互相交流自己读过的好书。向大家进行好书推荐时，利用投影仪展示书籍信息、制作好书推荐PPT、分享与书籍相关的图画和视频等，能最大限度地激发其他学生阅读的积极性，让推荐更具趣味性，书籍更吸引人。这种利用多媒体推荐图书的方式，是思考再创作的过程，推荐者要对书籍信息进行罗列整合、编排设计，不仅加深了学生对书籍的了解，更培养了学生信息技术操作能力，促进了学生的全面发展。

（二）多元阅读体验

1. 线上共享阅读

微信、微博与各种新兴自媒体企业构建的阅读平台，利用互联网强大的交互功能，突破了时间和空间的限制，学生可以随时随地阅读，如喜马拉雅FM、蜻蜓FM、出口成章App等各类视听学习工具，利用直观的画面和抑扬顿挫的声调引导学生进入阅读材料情境中，促进学生的思考与想象，丰富学生对词汇和语句的使用方法、朗读技巧、讲故事技巧，激发学生的阅读兴趣。同时，设计有针对性的阅读训练方案，使阅读更专业、前沿，效果更明显。学生将自己喜爱的书籍分享到阅读共享平台，和感兴趣的同学共同阅读，彼此分享读后感，交流读书心得，这种阅读后的网络式反馈，不仅提高了学生的阅读能力与写作能力，还增进了师生、生生之间的感情，营造了师生拔节生长的集体阅读氛围。

2. 线上推广阅读

借助新媒体对信息传播快捷、普及面广的优势，大力推广阅读。教师利用学校公众号等平台，建立针对各学段学情的阅读内容体系，根据学生身心特点为学生推荐合适的书籍，可以基于教材拓展篇目、教材推荐书目、名篇名作等，引导学生阅读经典、实用、健康的图书，实现阅读内容的开放性、多元性，帮助青少年培养阅读兴趣与纯正的阅读品位，推动他们从"爱读"走向"会读"，从而获得阅读能力、思辨能力和批判能力。曼陀罗思维导图与阅读的结合、跨学科主题阅读、阅读与语文的融合等双峰阅读特色教育，利用现代化技术，如二维码、链接等线上推广形式，传递阅读价值观念，让更多人了解阅读教育，让双峰阅读教育走得更远。

3. 线上线下融合

将互联网引入阅读研究活动中，探索线上线下相融合的整本书阅读教学策略，综合运用各种学习理论、技术手段等，将班级群体学习优势与网络个性化学习融为一体，以提高学生的核心素养。此外，还可以利用互联网技术对学生的阅读水平进行分析，了解学生的阅读习惯，找出学生的阅读兴趣和需求，对他们进行有效引导，如利用互联网技术了解学生在图书馆借阅人次最多的书籍，通过海报、新媒体等进行宣传，鼓励学生通过线上阅读与线下阅读相结合的方式，多阅读，读好书、好读书。

（三）多种阅读活动

中心学校目前有八所城区小学，各校每学期都会开展多种阅读活动，以激发学生的阅读兴趣，培养学生的阅读习惯，提升学生的阅读素养，营造良好的阅读环境和氛围，让学校变成极具影响力、感染力的书香校园。定时设定一个阅读主题，鼓励学生围绕主题进行相关的阅读，组织学生在互联网上进行阅读后的交流分享。

例如，双峰县第二完全小学的神话主题阅读活动，让学生阅读更加深入。通过开展丰富有趣的读书活动，借助信息化工具，提供科学的大数据智能分析，帮助老师、家长解决孩子该读什么书、是否读了、怎么读、读的效果如何等难题。

（四）线上培训

建立教师阅读教学讲课和操作视频的资源网站，为教师提供线上培训路径，通过阅览视频、互相学习，提升教师阅读教学能力。由中心学校或学校领导请专家针对教师遇到的教学疑难以主题研修的形式开展线上培训，集众人之力，发现、分析和诊断问题，研究解决问题的方法。

例如，通过培训人员在网上做示范，深入探讨指导学生思考和提问的技巧、组织小组学习的有效方法等。

建立家长联系网，针对学生阅读中存在的问题，安排具体内容，有目的地对家长进行培训，指导家长如何引导学生课外阅读，传授亲子阅读的方法，让阅读从课堂延伸到课外、延伸到家庭，让孩子在亲子阅读中感受阅读的美好。

四、"互联网+阅读"成效

（一）提升教学能力

互联网有很多丰富的有关阅读教学的技术和资源，教师可学习使用先进的教学设备，利用好阅读资源，对学生的课外阅读能力进行指导、训练。传统集中式的交流活动通常会受时间、地点、参会人员的限制，在一定程度上制约了这些活动的高效开展。现在，利用远程教育系统能够随时随地与各地的研究机构、权威教授学者进行阅读学术探讨和经验交流，以促进阅读教学。将互联网与阅读教学联系在一起，教师借助"互联网+"的优势，不断更新教学理念，丰富自身文化修养，提高专业水平，从而提高阅读教学的质量。

（二）推进亲子阅读

利用互联网，家长能更方便地督促孩子的日常阅读，如进行阅读打卡，评价每一周的读书笔记，检查每个月的阅读报告册。即使是忙于工作的家长也能利用碎片化的时间，在互联网上对孩子的课外阅读进行指导，在这个过程中将一些阅读方法渗透或示范给孩子，帮助他们开创更为广阔的阅读天地。凭借互联网短时、快速、亲近、高效、互通的优势，亲子以阅读为纽带，彼此思维碰撞，拥有了共同的阅读记忆，这种记忆充盈着幸福感，让孩子体验无压力阅读的同时密切了亲子关系，激发了阅读兴趣，推进了亲子阅读。

（三）促进个性化阅读

互联网的发展加快了信息传播的速度和范围，提供了海量的阅读资料，使学生阅读的选择更加多样化。学生可以在网络上根据自己的兴趣爱好，搜索相关内容进行阅读。有些网站甚至可以根据学生输入的关键词、参数来筛选内容，为学生提供更符合需求的读物，使每个学生的阅读更具个性化。

（四）提高阅读素养

学校利用互联网开展相关活动，如在微信朋友圈组织学生上传话剧表演片段、在学校公众号进行读书推荐、原创故事大比拼、亲子阅读等，帮助学生提升阅读兴趣与能力。一种活动发展一种能力，如"故事大王"强调原创与表演；"这个版面我设计"评比强调作品内容与展示形式的策划设计；"我的图画书""原创故事"强调培养学生的阅读创作能力。学生利用互联网向更多人展示自己，在展示中提升阅读素养。

（五）全新阅读可能

互联网时代有全新的阅读可能，交流范围的扩大和机会的增加，改变着我们的生活方式。利用网络能观看线上直播，了解作品，与名家对话，这种独特的书香氛围积淀下来的更深层的内在力量，直接激发学生的阅读兴趣，推动学生以更饱满、积极的姿态亲近文学，加深文学体验，让更多山区的学生有机会接触到外面的多彩世界，实现零距离教学。

五、"互联网+阅读"未来发展方向

（一）营造良好阅读环境

网络中的信息多而杂，应对网络上的信息和素材进行筛选，加强信息的管理，为青少年提供合理健康的素材，营造天朗气清的网络阅读环境。同时，在各学校采取各种宣传方式，如广播、展板、横幅、海报等，营造浓郁书香氛围，以良好的阅读环境让学生感受到阅读无处不在、无时不有。

（二）加强媒体素养教育

一是加强教师媒体素养教育，培养有知识、有经验和责任感的教师队伍，使他们在阅读教学中能运用多媒体辅助教学。二是利用家长学校，对家长进行必要的普及型媒体素养教育，使他们懂得在家庭生活中合理地监督和管理未成年人使用媒体。三是开展网络媒体教育讲座，力图让青少年掌握与媒体交往的常识，学会以批判的意识接触媒体信息，合理地、积极地运用大众传播媒体及信息和文化资源，懂得运用媒体完善自我。

（三）构建阅读资源链条

整合网络阅读资源，对各类载体的阅读资源兼收并蓄，并加强与其他学校的合作交流，共享网络阅读资源，吸引更多的社会力量提供网络阅读资源，构建内容丰富、结构合理、媒介多样化的学生阅读资源链，更新阅读形式，使学生能够阅读到更多书籍，可以更加便捷高效地进行阅读。

（四）建立评价激励机制

"互联网+阅读"教学模式如若缺乏长期的引导、评价、激励机制，很可能会流于形式，因此需建立一套行之有效的评价激励机制。可运用网络技术对每个学生的学习过程、阶段情况、测评结果进行系统的跟踪、记录、储存，并提供教师评价渠道，方便教师对学生阅读情况进行检查和指导，同时附有一定的奖励机制，如设置"阅读小能手""阅读开拓奖"等奖项，以此激励学生。

"互联网+阅读"成为提高阅读教学效率的一条新途径，它立足于学生的动态阅读，帮助学生深入阅读优秀作品，凭借互联网特有的时间、阅读媒介的优势，延伸和拓展学生的阅读领域，提高学生的学习兴趣，解除传统教学方法给学生带来的疲倦感和枯燥感，给阅读教学带来新的质态，为学生拓宽阅读渠道，促进阅读教育更优发展。基于互联网的共读，还能遇见远方的阅读导师和阅读伙伴，萧伯纳的"苹果—思想互换论"在互联网中得到力证，为学生的阅读之旅开启了一扇智慧的大门，为教师的课程研究奠定了坚固的基石。如何推进课外阅读教学对网络阅读资源更加合理高效利用，仍需要进一步实践研究。未来已来，永丰镇中心学校将致力建设完善的"互联网+阅读"教学体系，插上信息化翅膀的阅读教学，飞翔在娄底、湖南乃至中国的广袤大地上。

第四辑

聆听花开之声

人间九月芳菲尽，教育百花始盛开。教育的本质就是帮助孩子释放天性，助力孩子成为更好的自己。作为教师，我们今天播下一颗种子，来日就能目睹生根、开花、结果的全过程。耕耘之余，教师聆听到花开的声音，就是最幸福的时刻。教育人不仅要追求"一枝红杏出墙来"的美景，还要期待"春色满园关不住"的喜悦，更要实现"待到山花烂漫时，她在丛中笑"的共同愿景！

"综合与实践"在路上

——双峰县永丰镇城南学校数学组风采

　　"综合与实践"是课程标准规定的基本课程内容之一。它是以数学问题为载体，学生主动参与的学习活动，是培养学生数学核心素养、帮助学生积累数学基本活动经验的重要途径。人教版数学教材在每一册里都编排了综合与实践的内容，为学生提供做数学、学数学、理解数学的机会。双峰县永丰镇城南学校不仅开设"综合与实践"课程，数学组老师更是开拓创新，在实施过程中设计出符合综合与实践课程目标的数学问题，指导学生全程参与活动，让学生在多彩的过程中获得数学基本活动经验，落实数学核心素养的培养。

一、问题引领

　　综合与实践活动以问题为线索，学生通过对问题的自主探索获得知识与基本活动经验。如果没有学生感兴趣的问题，活动就没有了载体，学生也无法充分地参与到学习活动中，更谈不上获得活动的体会与经验。由此可见，要让综合与实践活动获得应有的效果，设计好的数学问题是关键。为此，数学组老师围绕如何设计综合与实践活动的问题进行研究，设计出一系列符合学生学习特点的、有利于实现综合与实践课程目标的问题，保证了综合与实践活动的实施效果。

　　现有教材中的一些数学问题，不能引发学生参与综合与实践活动的兴趣。数学组老师认为，综合与实践活动中的问题应当贴近学生、适当开放、探究性强、操作方便。于是，老师们从学生身边找素材，根据他们的认知水平和学习能力进行改编，形成贴近学生的数学问题。

人教版数学教材四年级上册"1亿有多大"，教材中提出的问题是"你能想象1亿有多大吗？"并提示用纸来研究。老师们认为，1亿有多大，要靠推算才能知道。学生不能凭空想象，需要合理推算，然后根据推算的结果进行描绘、想象，才能体会到1亿真的很大。因此，老师们结合学生的已有知识和生活经验，对问题进行了改编：在1亿后加上一个单位，你能想办法描述这个量有多大吗？这样的问题为学生的活动提供了广阔的空间，学生可以借助身边的事物进行合理的推测，了解1亿到底有多大。

自主创编数学问题。数学组老师还根据学生的年龄特点和已有的知识经验，对课程内容进行筛选、整理、加工和重构，自主创编数学问题，开展以某个知识点或单元知识体系为载体的活动，让学生在综合运用所学知识解决现实问题的过程中积累数学基本活动经验。

人教版数学教材五年级下册"长方体和正方体"单元的知识点比较多，为了帮助学生将各知识点串联成"面"，构建长方体和正方体的知识体系，数学老师设计了"包装中的学问"综合与实践活动。学生在探究过程中，通过综合运用所学知识理解长方体与正方体在合并、分割等情形下引起总表面积和总体积变化的规律，在观察、操作、交流、讨论中巩固基础知识，提高综合运用数学知识的能力，掌握构建知识体系的方法。

二、过程多彩

综合与实践的教学，重在实践、重在综合，要求学生自主参与、全过程参与，在动手、动口、动脑的过程中，综合运用数学知识探究并解决问题。数学组老师认为，在设计好数学问题后，应特别关注问题的研究过程，不仅要提供机会让学生放手去做，更要在这个过程中依据学生的水平设计丰富多彩的活动，让学生通过观察、操作、讨论、交流、猜测、归纳和分析、整理等方式解决问题，积累数学基本活动经验。

在"自行车中的数学"综合与实践教学中，教师提出问题：自行车走得快与慢，除了与骑车人用的力气大小有关外，还与轮子的大小和前后齿轮的齿数有关，请就这个问题进行讨论并设计活动方案。学生发现要研究的问题有两个，于是分成两个大组，分别研究自行车轮子的大小与速度的关系、自行车前后齿轮的齿数与速度的关系。

第一大组的学生在研究过程中发现，自行车的车轮有大有小，直径长度不唯一。于是，他们又分成若干小组分头收集数据，最后得到自行车车轮的直径长度有56厘米、61厘米、66厘米等。他们还发现，车轮转1圈时自行车行走的距离就是车轮的周长。有的学生还用车轮直径是56厘米的自行车做了试验，将自行车架在木杆上，转动车轮，看1分钟能转多少圈。通过试验，他们得到结果：在每分钟转150圈的条件下，车轮直径分别是56厘米、61厘米、66厘米的自行车，速度分别约为15.8千米/时、17.2千米/时、18.7千米/时。

学生们通过测量、计算、比较发现，在每分钟转的圈数相同的条件下，自行车车轮的直径越大，速度就越快。由此得出结论：在选购自行车时，车轮直径不能太小，否则会影响行驶的速度。

"1亿有多大"的探索过程更是多姿多彩。

教师先提出问题：在1亿后加上一个单位，你能想办法描述这个量有多大吗？学生纷纷结合各自的经验提出研究的素材：1亿张纸叠起来有多高、1亿粒米有多重、走1亿步有多远……有学生说，1亿张纸叠起来大约35千米高，1亿粒米大约重4千克，走1亿步大约35千米……教师及时指出，光靠说是不够的，也是不行的，要通过试验得到数据，然后推算出来。

学生分小组讨论活动方案，得到：先测量100张纸叠起来的高度，再分别推算1000张、10000张和1亿张纸叠起来的高度；先称出100粒米的重量，再推算1亿粒米的重量；先测量出走1步的长度，再推算走1亿步有多远……

在此基础上，教师选取"1亿粒米有多重"这个问题让学生进行探究。学生初步了解这个活动的基本思路、步骤和做法。

学生先数出100粒米，称出大约重2克，然后进行推算：1000粒米约重20克，10000粒米约重200克，100000粒米约重2000克，即2千克，1000000（100万）粒米约重20千克，10000000（1000万）粒米约重200千克，100000000（1亿）粒米约重2000千克，即2吨。

而2吨是孩子们难以描述清楚的一个量，教师引导学生结合实际进行推算：如果一个成年人一天吃大米250克，可吃8000天，一年按365天计算，可吃约22

年；如果一个小学生的体重大约为25千克，80个这样的孩子的总体重大约相当于1亿粒米的重量。

在教师的点拨下，学生在参与中体验，在活动中发展，感悟到1亿确实是一个很大的数。他们根据学到的方法，推算出1亿张纸叠在一起约有10000米高。至于走1亿步有多远这样的活动，教师要求学生课后去经历、体会。

经历这样的过程，学生感受到"不积跬步，无以至千里；不积小流，无以成江海"的哲理，实现操作经验与思考经验、策略性经验有机融合，发展了数学思考能力，积累了数学基本活动经验。

三、收获满满

中心学校数学组老师聚焦数学综合与实践内容的研究，不仅让学生改变了学习方式，发展了自主探究能力，自身的专业素养和教学水平也得到了极大的提升。

近三年来，数学教师中涌现了高级教师2人、市级首席名师1人、县级名师及骨干教师6人；成立了娄底市刘娟小学数学网络名师工作室。老师们参加各级各类比赛佳绩频传：刘娟获得国家级、省级一等奖十余次，李雪姬等3位老师获省赛课一等奖，谢国科等5位老师获省集体备课二等奖。

诚然，开展好综合与实践的教学不是一件简单的事，数学组老师将不断更新观念、整合资源，基于学生视角、顺应学生思维，在探索中前行。

聆听破茧成蝶的声音

——记刘红霞名师工作室启程之旅

作为一名新时期的老师，我们虽然肩上挑着重担，任重而道远，但由于乘上改革开放的客船和承借新课改的东风，所以一定能够在传道授业的道路上披荆斩棘、乘风破浪，前程光明而美好。但要在漫漫的教学之路上有所收成，就应该在时光里扎根发芽、努力生长。若是在春天里偷了懒，秋天将会颗粒无收。期待明天桃李满天下的我，不虚度今天的时光，与工作室所有成员精诚合作、奋力拼搏，在不久的将来成为颜色不一样的烟火……

一、相识

都说有缘千里来相会，感谢命运让我和刘红霞小学品德与社会名师工作室相遇。

2018年11月的一天，一个陌生的电话号码打来，当时的我正被学校的迎检工作磨得焦头烂额。刘红霞校长的这个电话，如一阵春风吹进我心灵的深处，让我顿时豁然开朗。至此，我才真切感受到语言的魅力和心灵的碰撞可以让人茅塞顿开。听完刘校长的详细陈述和详尽分析，我强烈感受到她是一位有思想、有水平、有执行力的好校长。会识人、用人的校长就是高人。于是在接受完她的教育理念剖析和盛情邀请后，我豪爽地答应了她，成了小学品德与社会名师工作室的核心成员之一。

12月9日，远在双峰的我和娄底市第六小学的另一名核心成员李丽梅老师不顾千山路远，奔赴冷水江市中连乡中心小学，和刘红霞校长及第三名核心成员杨丽琼见面。那种一见如故的感觉为工作室组建前期工作打下了坚实的感情基础，刘校长在我心目中也成了敬业、努力、干练、聪慧的代名词。

二、学习

12月29日，一天的学习下来，我受益匪浅，意犹未尽。

龚明斌科长的讲座《师德修养与教师专业发展》，从教师职业、师德修养、专业发展、德育等方面为教师的专业成长指明了前行的道路：教师的专业成长是通过专业阅读、专业写作、专业发展共同体这"三专"来实现的。"专业阅读"是站在大师的肩膀上前行；"专业写作"是站在自己的肩膀上攀升；"专业发展共同体"是站在集体的肩膀上飞翔……对照自己十六年的从教经验，在"三专"面前不禁显得黯然失色。阅读量过少、不愿提笔写、从来没有想过要抱团发展成了我前行路上最大的拦路虎。深深地忏悔过后，我不得不重新去规划自己的三年成长之路……

首席名师刘红霞校长的说课"古老的丝绸之路"，设计巧妙、构思新颖，给了我耳目一新、如沐春风的感觉。有名师的指引和陪伴，相信我的前行之路有力量、有方向，再也不会孤单和彷徨。坚信我们的名师工作室在刘校长的带领下，一定能成为名师展示的舞台、骨干培养的基地、教学示范的窗口、科研兴教的引擎、教学改革的论坛。

教育意味着一棵树摇动另一棵树，一朵云推动另一朵云，一个灵魂唤醒另一个灵魂。何立新主席高度评价了刘红霞校长的这堂课，也唤醒了还在道德与法治教学之路上慢慢摸索和实践的我们。是的，做强教育，做好工作室，不仅仅要"一枝红杏出墙来"，更要"春色满园关不住"。

教育专家左梦飞老师带来的讲座"道德与法治课程教材的前世今生"，在讲授理论知识的过程中，从道德与法治课程开设的前景和意义、教材分析、课堂教学建议分门别类地阐述，他用幽默、风趣、通俗、接地气的语言，为我们一线教师上好道德与法治课点亮了一盏明灯，使我们在教学中不再迷茫和焦虑。

三、展望

衷心感谢省、市领导能为我们搭建教育教学研究与交流的平台——刘红霞小学品德与社会名师工作室。这个带着青草芳香的成长驿站，是放飞教育理想和信念的地方，是孕育教学快乐和智慧的场所，是我成长为市级乃至省级名师的摇篮。

凝聚教育智慧，追寻教育美丽，探索教育真谛，实现教育目的。我愿意跟从睿智的刘校长，学习先进的教育教学理念，尽力挖掘个人的潜能，并努力向身边的榜样学习，争取在三年中教育教学能力上一个新的台阶，教研教改水平有新的突破。

尼采说过："每一个不曾起舞的日子，都是对生命的辜负。"而在此后所有起舞的日子里，我会和工作室的所有成员携手并肩，期待收获一路的芬芳和美好。合上书本，关上电脑，张开双臂，闭目养神，我突闻花香四溢，偶遇蝶舞飞扬，听到了破茧成蝶的声音……

赴一场春风化雨的盛会

——记刘红霞名师工作室第二次集中研修活动

"迟日江山丽，春风花草香。"在这个春风摇荡、春意盎然、花草芬芳的春天，我们迎来了刘红霞名师工作室第二次集中研修活动。奔走在自我提升、奋力追赶之路上的我们，唯有不弃、不怨、不怕、不停，亦如春天般生机、灵性、明媚、向上，才能成为自己的太阳；唯有历经磨炼、苦心研修、吸取精华、尽情施展，方能取得进步、拔节提高。于是带着欣喜之情，枕着学习热情，怀着感恩之心，我再一次来到了冷水江市，其实回名师工作室这个家就是一趟温暖之旅！

一、观课议课

2018年3月22日，在冷江二中的多功能报告厅，与其说上了七堂研讨展示课，还不如说是在上演一场各区域之间的课堂教学大比拼。七名上课老师代表娄底市各个县市区。她们能够勇敢地承担上课任务，在较短时间里拿出一堂思政展示课，实属不易。有担当、喜拼搏、会表现、敢展示就是在为自己的教学生涯铺开幸福之路，因为幸福是奋斗出来的！

每上完一堂展示课，都会由一位老师针对本堂课做点评。我有幸点评由娄底市第六小学罗小玲老师执教的党的十九大特色课堂"红色解密通关2049"。罗老师的这堂课，优点突出、优势显著：一是本堂课以活动为教与学的基本形式，以通关游戏为主戏，通过视频、数字等活动，让学生直观了解中国共产党的历史，了解党的十九大精神的精髓。二是罗老师感情细腻，激情满怀，具备教学机智，个人素养高，课堂把控能力强，重视创新，富于教育教学机智。三是罗老师在参与孩子们活动的过程中，引导活动向正确方向发展，带领孩子们为达到课程目标而前行。她作为一名资深的德育管理者、教育者，善于培养学生思考、总结以及敢于质疑、逻辑推理的优秀学习品质。四是罗老师的语言强调愉快、积极的儿童生活主调，发展学生主体意识，为学生形成进取的个性品质和乐观向上的生活态度打下了基础。

但金无足赤，课无完课，针对本堂课，我也有几个困惑之处：其一，一堂入心的道德与法治课，应该满足生活性、开放性和活动性三个标准。而本课中出现的关于党的十九大的关键词较多，罗老师设计的问题是"报告中哪个关键词特别打动你？为什么？说说你的解读"。这样的问题设计太大，能否把政治的东西化成身边的知识，把难点化为易点？怎样处理才会使教学活动生活化呢？值得商讨。其二，本堂课容量过大，能否从大处入笔、细处入手，稍微改一改教学设计，使课更出彩呢？值得深思。

此次党的十九大特色课堂研讨展示，在所有成员之间架起了一座桥梁，使我们多学习、勤交流，促我们挖潜力、快成长。

二、经典诵读

3月22日晚，工作室与会成员集聚于冷水江市84号书城，一场围绕党的十九大精神的中华经典诵读活动隆重上演。两位主持人略施粉黛，闪亮登场！二人主持风格互补，陈爱莲老师豪放激昂，彭灿老师婉约内敛。

每个县市区各有一个节目，相对于准备充足、创意十足、表现极佳的涟源组和组织有序、排练有方、点睛有道的娄底组，作为双峰组此次活动领头人之一的我必须深刻反思，更必须开展自我批评。双峰县作为全市基础教育的一张响亮的名片，老师们光会凝神专攻教书以提高学生成绩，结果把自己打造成了一部机器，这肯定是不可取的，该出手时还得出手，该崭露头角时还得大胆地露。集体荣誉感缺失，有事不关己，高高挂起的思想实属太危险。我们必须改，期待蜕变，相信我们能行！

此次经典诵读活动，既有老师们的节目，也有中连中心小学孩子们带来的朗诵，还有首席名教师刘红霞校长的分享《事精致从而终——我与国学研究的那些事》，更有何立新、左梦飞两位才子顾问带来的深情诵读，可以称得上是一场听视觉盛宴，更是一场文化雨！

三、拔节总结

这是我第四次见到左梦飞老师，帅气、才高、有趣、够拼，是我对他的总体评价。在全湖南省，像他这样敢和上课的老师进行同课异构的教研员恐怕也为数不多，这正是我对他佩服至极的原因。

左老师与冷水江红日学校潘红老师同课异构的主题是"我们的大中国"。这堂课的课堂设计独特新颖，贴合生活实际，师生配合默契，教学效果很好。男老师特有的磁性言语、亲和力、幽默风趣，春风化雨般贯穿课堂，让我有耳目一新、如沐春风、久旱遇甘霖之感。与专家之间为什么会有如此大的差距，值得我去深入思考。

左老师在上完课后，还给我们做了专题讲座。他结合品德与社会课程目标等理论知识，针对七堂展示课提出了合理且切合实际的教学建议，娓娓道来，真正的接地气，让处于教学一线的我们受益匪浅。

最后，刘红霞校长对寒假研修作业的完成情况进行了简明扼要的总结，并宣布了党的十九大特色课堂设计的获奖情况，还以点带面地部署了下阶段的工作。至此，我才知道双峰组还有几名成员寒假研修作业未完成，作为工作室的核心成员之一和双峰组的一员，我倍感惭愧，深知双峰的老师在责任心、执行力、上进心等方面确实不如其他县市区，差距有点大。观念要改变是迫在眉睫的问题，真诚期待在工作室的所有双峰老师能擦亮眼睛、点亮心灯、寻找差距、端正态度，争取做到下不为例！

一事精致，便能动人；从一而终，就是深邃。我人生中最大的幸运是领略润物细无声式的教学和在冷水江工作室巧遇知音，感谢工作室的兄弟姐妹们给我带来的知识大餐和留下的情真意切，愿我们不懈努力、奋力拼搏，共同谱写娄底教育春的乐章！

长风破浪会有时　直挂云帆济沧海

——2018年度个人研修总结

　　光阴含笑，日月如梭。2018年就这么悄无声息地溜走了。又一年经历酸、甜、苦、辣；又一轮尝遍汗水、泪水，收获鲜花与掌声……落红深处有冷暖，世事沧桑也寻常。这一年所有的过住，都是岁月的一种恩赐。幸福是奋斗出来的！我所收获的每一颗果实里，都结着不平凡的故事。下面，我将一一采撷这些果子，描述一名一线奋斗者的心路历程。

一、教学相长

　　"捧着一颗心来，不带半根草去。"相对于从事学校行政工作而言，我更喜欢走进课堂当"孩子王"，我认为一个能教书、会教书、好教书的老师才是真正意义上的好老师。

　　我是一名喜欢挑战也敢于战胜自己的老师。接手一个家长颇有微词、后进生多且基础差的班，是大家都不愿意干的事，出于为学校全局考虑，这样的班我在2018年春季接手了。刚接手时，学生学习习惯、学业成绩、思维反应皆较差，任教一年后，优秀率达到31%。尽管后进生还是多到让我怀疑人生，但这一年来，孩子们的进步是显著的，因为大部分学生爱上了数学学科，而我也投入了大量的时间和精力。学校安排了6节课的周课时任务给我，但要把书教好、教透，每周加上作业课，我至少上到15节。出于仍有个别家长不太配合老师的教育，在下学期的家长会上，我利用晚上加班做了将近100张幻灯片并录制成视频，在家长会上反复播放，听了我图文结合、声情并茂的一个小时的发言后，所有家长被感动了，至此，再也没听到不和谐的声音了。我相信，只要能够实现家校齐抓共管，就可开创静待花开的好局面。

12月，又传来了一个好消息：由我参与编排、表演，（22）班40多个孩子参加的大型经典诵读节目《传承》被永丰中心学校选送代表双峰参赛，获得湖南省第六届中小学生艺术展演三等奖。尽管只是个省三等奖，但对于非舞蹈特长的我来说，实属不易。烈日炎炎的6月，为了不耽误孩子们的正常上课，我是牺牲了20个中午午睡的时间，在班主任徐雪明老师、朱琼老师的协助下，和我的同学彭京豆老师全程陪着两个班的孩子排练的。

"陪伴是最长情的告白。"经过一年的用心陪伴，（22）班的孩子们集体荣誉感强了，学习积极性高了，各方面都进步了。要想得到一年的收获，就去种谷子；希望得到十年的收获，就去栽树；要想得到一生的收获，就去育人。作为一名一线教师，我是骄傲和自豪的！

二、送教拔节

"只有经历过地狱般的磨砺，才能练就创造天堂的力量；只有流过血的手指，才能弹出世间的绝响。"泰戈尔的这句名言常常萦绕耳旁，并时刻给我敲响警钟。

作为娄底市刘红霞小学品德与社会名师工作室的核心成员，我负责了全年工作室活动方案、通知、总结、建议等的撰写，并积极配合工作室首席高效高质地完成了本年度的工作，获得"娄底市2018年度优秀名师工作室"的殊荣。

9月27日，我在冷水江"送教下乡"中连中心小学上示范课"我为祖国绘蓝图"，获得听课教师的一致好评；10月12日晚10点，我接到市教科所何老师的电话，由于首席及其他两个核心成员都无法抽身，他通知我代表娄底市去参加湘潭市雨湖区教师工作坊的集中研修活动，并和当地一位名校长"同上一堂课"，接到电话时，我有点惊慌失措，更有点受宠若惊。当时的我还在加班准备第二天双峰名师高研班结业典礼的主持词。静心想想，这样的活动既可以考验我的真才实学、综合素养，更可以让我锻炼拔节、开阔眼界，于是我应允了。从答应参加到把一堂课的教案、幻灯、视频做到位，纯凭我个人的努力，仅用了三天时间。这三天，除了上课、吃饭、睡觉，我都在考虑课堂设计，睡梦中还在背教案，记手语舞动作……经过在我校四个班的五次试讲，10月26日，我这只笨鸟飞到了湘潭市雨湖区，当着雨湖区100多位校长、书记的面，以初生牛犊不怕虎的勇气，给风车坪建元学校的三年级孩子们上了"生命最宝贵"一课。课上完后，我才知道还有说课环节，而留给我的只有五分钟的准备时间，掩耳盗铃是不可取的，那就只能剥茧抽丝、背水一战了！最后，我根据提纲即兴发挥，事实证明，我的应变能力是大有提升的。掌声和赞许则是对我的最高评价！

一个月后，雨湖区师培中心给我寄来了现场录制的光碟、荣誉证书和邀请函。风里雨里，我在成长与拔节路上等自己；没有最好，只有更好，只要面朝太阳，就会春暖花开……

三、写作提升

"做得好不如说得好，说得好不如写得好。"一年来，我笔耕不辍、勤勉奋发，多次写作到凌晨。写作这个爱好，使我欲罢不能、静心思考、心驰神往，更让我激情澎湃、青春飞扬。文字，让我找到诗意生活的源头。每次写文章，我都给自己规定了时间，在没有特殊情况下，不完成不许吃饭、不准睡觉……

这一年，我的师德论文《长大后我就成了你》《青春因教育而美丽》，数学论文《估算要讲道理》发表在《湖南教育》；学校特色教育论文《走校内外兼承的综合实践及科技创新之路》发表在《娄底教育》；全年共有27篇通讯报道被双峰教育、永丰教育微信公众号，搜狐网等媒体采用。我也被评为县级、镇级"优秀通讯员"。

鲜衣怒马也好，素衣粗食也罢，倘若内心明媚，与文为友的日子就会滋味丰足。

四、辅导增彩

"教育就是一棵树摇动另一棵树，一朵云推动另一朵云，一个灵魂唤醒另一个灵魂。"作为市级名师工作室的核心成员，我应该充分发挥我的标杆效应和蝴蝶效应。

一年中，我辅导参加市级及省级比赛的老师5名，这5名老师有本校的，也有外校的。天寒地冻的12月，为了辅导一堂省级数学示范课，李雪姬老师的五次磨课我都全程跟踪服务，直到她能做到游刃有余、沉着驾驭课堂；刘思琪老师的市级道德与法治赛课"国旗国旗真美丽"，从教学设计、幻灯片制作到磨课，我一条龙服务……

此外，我全年共辅导参加教师资格证及考编面试人员19人次，其中，教师资格证面试培训通过率100%，所有考编教师中只有一名老师考运不佳，差零点几分而落选。让我记忆犹新的是辅导当时在三立学校任教的凌洪镐，白天我忙到昏天黑地，晚上强打精神，开车进校培训。我想方设法帮她找到电子教案，还为她做好了三类文体的微型课试讲模板，经过七八次的强化训练，她最终以91.67的高分通过特岗面试，成了双峰的一名特岗教师……在我家住了几天的李玉珍老师，当时笔试排第八名，经过面试培训后以第三名的成绩成功入围只进3人的邵东城区学校时，我的职业幸福感爆棚！这就是我作为双峰名师的价值体现！她们是幸运的，我更是幸福的！

三年的面试辅导，我累并快乐着，忙并忍耐着，苦并坚持着……

五、进修丰羽

"优于别人，并不高贵，真正的高贵应该是优于过去的自己。"我爱好十分广泛，文学、体育、音乐、舞蹈我统统喜欢，足球、篮球更是我在读师范时经常玩的。正是因为有这样看似另类的爱好，所以在这一年中，我有幸参加了足球省培和国培。两次培训，我都被委任为班干部为大家服务。清楚地记得暑期的足球培训，我在烈日下跟着那些威猛的男老师晒了八天太阳，直到雪白的肌肤变成大麦色。也直到这次，我才深深体会到"哪儿凉快哪儿待着去"绝不是一句骂人的话，绝对是真挚的关怀、最深藏不露的爱……这两次培训，我均被评为"优秀学员"。

学习，一直在路上；努力，始终是责任。在9月10日至12日的双峰县名师高研班中，我担任班长，从班主任老师安排的美篇制作到结业典礼，我都以高、严、勤来要求自己，并和名师班的兄弟姐妹们完美地完成了学业任务，得到了汤新文主任和陈倩澜老师的高度认可与深情赞誉。陈老师在我们结业后，在微信上告诉我，我们这个班是她培训过的素质最高、最认真、最努力的班。

六、反思展望

不念过往，不俱将来。一天不学，茶饭不香；半年不赛课，还谈什么推陈出新？努力不一定有收获，但不努力就一定没有收获。

这一年，我仍然不敢有丝毫懈怠。我把比赛拿荣誉证书当成人生中一大乐趣，于是心里就无任何负担，只顾风雨兼程……一年不辍劳作的赛课，我获得国家级奖1次，省一等奖1次、二等奖1次，市一等奖3次。这一年，在教育、教学、进修中，我共收获了25张荣誉证书。

为众人抱薪者，不可使其冻毙于风雪；为自由开路者，不可使其困顿于荆棘。这一年中，还有一些遗憾，就留在心底让岁月侵蚀吧！"路曼曼其修远兮，吾将上下而求索。"播种梦想和信仰，我期待有收成和认同！

高山仰止，景行行止

——记全国青少年校园足球校长培训所学所思

"高山仰止，景行行止，虽不能至，然心向往之。"怀着十分激动的心情，带着无限的教育情怀，跟着娄底的兄弟姐妹们，我们从娄底南站出发了。

两三个小时的长途跋涉，让拖着旅行箱、背着笔记本电脑和手提包的我略显步履维艰，在同行校长们的鼎力相助下，我和亲爱的伙伴们准时来到了景色怡然、生机盎然的武汉。我们在现场工作人员井然有序的引导、提示下如期报到。此次培训，主办方还给我们每位校长发放了一件他人赞助的运动上衣，在我和曾雄飞校长一番"臭美式"的以人为镜的试穿后，大家对眼前这件合身、舒适的运动衣还是很满意的。

一、见面会

2019年3月28日晚上7：00，召开了安全教育工作会议，领导们准时莅临现场，足以让我认识到承办、协办单位对此次活动的高度重视。此次培训，共有286名校长参加，湖北大学对我们的到来表示了最热烈的欢迎，同时讲述了这几天的日程安排和注意事项。

我明显地感觉到这三天时间，我们即将迎来视、听、感觉盛宴；同时意识到作为一名足球特色学校副校长的我肩负的重大使命。

二、累并快乐着

3月29日上午8：00，我们从华天宾馆出发，乘大巴来到了湖北大学小礼堂。开班仪式前，湖北大学高连顺书记随机请出几位学员上台做了分享，可能是我报名那天穿着的黄色西装时髦惹眼，高书记不知名字只呼衣装把我叫上了台，在没有丁点儿心理准备和半点儿讲话条理的情况下，我也厚着脸皮上台讲了几分钟……开班典礼，武汉大学的主要领导们到场指导并讲话，铿锵有力的言辞，让我们明白了国家对校园足球的重视；激励人心的话语，让我们知道了足球的强盛体现了国家的实力；铮铮誓言的许诺，让我们感受到体育兴则民族兴的紧迫感。典礼后的集体合影，让我们在湖北大学留下了永远的记忆和温馨的回忆。

吴健博士的讲座主题为《中国青少年校园足球的教育理念与顶层设计——健康中国背景下的教育改革突破口》。此讲座就是一道珍馐佳肴！我极其赞成这些理念：做个堂堂正正的中国人，"野蛮体魄，文明精神"是基础；一个人的人格、高贵的品质、好的形象、理性、血性都是基于健康的体魄；体育牛才是真的牛……吴博士不但讲到足球教育，还讲到校长们的"健身宝典"，更是垂身示范，带我们做有效字母锻炼操。引领运动，就可收获健康；传播快乐，就可享受人生。所以，存钱不如存肌肉！如此有针对性、实用性、创新性的讲座让我醍醐灌顶、意犹未尽……

下午第一站，我们来到武汉体育学院体能训练馆，观摩了一场体能训练。当教练提到要请一些校长协助他进行体能训练时，曾经练田径的我便条件反射般自告奋勇地报名了。在将近一个小时的高强度体能训练中，我除了里面的衣服全部被汗湿换下耽误三分钟时间外，都在跟着教练进行模仿训练，尽管动作不是太到位，身体也并非完全协调，但我的确尽心尽力了。

下午第二站是武汉第十四中学，第十四中学副校长和政教主任向我们介绍了校园概况及学校成绩等，还给我们展示了独具特色的办学方式。现场介绍完后，我们走到校园感受了一下浓郁的文化氛围，后来还去操场实地观看了足球训练，学生们正在进行足球比赛，从足球教练的专业培训中，足以看出该校在足球教育教学、培训指导等方面都应该是当地首屈一指的。

一天的学习，不但紧张，而且劳累，但累并快乐着，苦并收获着！

三、收获满满

3月30日上午8：00，北京师范大学毛振明教授给我们带来了饕餮大餐《新校园足球的意义、困难、跑偏、新路径和新话语》。毛博士的讲座饱含深情又激人奋发，他通过日本中小学、幼儿园体育教育中鲜明生动的实例展示，让我们感受到了当前我国的体育教育困局以及与日本的差距，同时激励在座的各位校长不忘初心，牢记使命，重视校园足球，实现国人梦想。

上午10：00，河北大学体育学院赵宗跃教授带来了《新时代校园足球特色建设策略》的讲座。他重点讲述了青少年校园足球活动的"3W"：为什么要搞青少年校园足球？校园足球活动干什么？踢球的孩子去哪里？一个个活泼生动、真实可行的足球大课间案例让我们叹为观止、收获满满……是的，所谓的文化，就是植根于内心的修养，无须提醒的自觉，以约束为前提的自由，为别人着想的善良。

下午2：00，深圳市翠园中学韩冬青老师给我们带来了《校园足球的理念创新与实践探索——深圳翠园足球俱乐部：校园足球人才培养的新范式》。韩老师用自己学校的真实案例来讲解，使人心悦诚服。

下午4：00，上海体育学院董众鸣教授带来了足球理论讲座。他从足球比赛的阅读与分析，中外青少年训练的特点分析，讲到了现代信息技术在校园足球活动中的运用，环环相扣，步步为营地娓娓道来，让我们如沐春风，如见曙光……

两天的培训接近尾声，此次培训不仅看重理论上的学习和提高，而且重视详细实践，将理论和实践有效地结合起来，为我们基层足球特色学校校长搭建了一个进一步交流的平台。回到双峰后，我会结合此次培训所获，联系本校实际情况，制订详细的足球教育教学计划，迅速启动足球教师培训机制，创造切实可行的足球文化氛围，力争使我校足球建设更上一层楼！最后，衷心感谢主办单位和承办单位的领导们为我们提供了此次武汉之行的支持，相信中国校园足球在领导们的正确引领和大力支持下一定会蓬勃发展、腾飞高跃！

悄悄地，我走了，正如我悄悄地来。我挥一挥衣袖，带走了满怀的热情和满腔的干货……

再见了，武汉！再见了，亲爱的校长们！

金秋共圆教育科研梦

——2018年双峰县名师高级研修班学习总结

金秋十月，秋菊摇曳。2018年10月9日，双峰县50位名师从各乡镇的三尺讲台齐聚长沙教育学院，接受为期四天的"走向专业化的名师工作室能力建设"高级研修班培训。四天的学习，我们领略了专家风采，上演了勤勉好学，见识了精彩纷呈。

一、领略专家风采

"课题研究""名师工作室"，对我们小县城的一线老师来说还是比较陌生的，但却是从名师到教育专家的追求卓越的重要一步。

冯辉梅教授主讲的《主题式课题研修设计》让所有学员明白了原来课题研修可以那么的细致化、具体化。

特级教师许月良院长为我们阐述了新时代名师的内涵情怀、重要特质和修炼途径，告诉我们要谨记新时代名师的"五个自我"，揣摩名师修炼成长的"四部曲"，把"爱业、敬业、乐业"当成教育最本真的情怀。

肖万祥院长的专题讲座《用校本教研重建学校育人生态》，强调要构建学校良好的教育生态，必须要先建立基本的教学研究制度，搭建好形式多样的教研平台，才能实现教师的专业成长和学校的腾飞。

特级教师刘亚雄老师为我们带来小学三年级的基于核心素养的语文阅读课教学《带刺的朋友》，刘老师对整堂课驾驭自如，启发点拨水到渠成，让人如沐春风。

汤新文主任给我们送上了接地气、重创意、有实效的讲座《提高学生学习兴趣的策略》，他生动形象地从兴趣的定义出发，引人入胜地讲到怎样去培养学生的兴趣。

唐良平教授给学员们带来盛宴《教育科学规划课题的申报与研究》，他分析了当前我们中小学教师不敢做科研的主要原因，手把手地教我们如何申报课题、如何拟题、如何开题、如何结题……

唐海川教授为我们带来《基于核心素养的教学思考》，教我们以活动为载体，让学生在活动中去习得、生成有关核心素养。

姚建民教授为我们讲解了《走向专业化的名师工作室能力建设》，他指出建设高品质的名师工作室需要专业的思维、专业的实践、专业的表达，只要始终以专业的情怀投入研究与实践，名师工作室建设就能走向纵深。

二、展示学员风貌

在四天的学习中，培训班安排了四位学员为大家带来微分享。

井字镇中心学校的校长周薇为大家分享《我眼中的校本研修》，她接地气地讲述了通过校本研修所获得的进步和取得的成绩，同时抛出了作为乡村学校领头人在校本研修中所遇到的困惑和难题。

杏子铺镇中心学校的张希婷老师为我们带来微分享《我的教育科研梦》。张老师没有引入高深的理论，而是从自己的经历出发谈到三个字：缘——我们50位名师从小县城来到省城学习，这是难得的缘分。源——"问渠那得清如许，为有源头活水来"，此次的学习必将给我们的教育教学注入新的活力。圆——通过学习圆教育科研梦，做一名科研型教师。

娄底市物理名师工作室首席名师李莲发校长分享了《精心管理、不断学习，以工作室为平台打造"经师""人师"》，详细介绍了娄底市物理名师工作室的组建、活动的开展及取得的一些成绩，他的微分享可谓雪中送炭，为双峰县名师工作室的建设提供了有效的借鉴途径。

花门镇中心学校曹莉老师带来了微分享《我们的课改小故事》，从教师、学生、课堂三个方面娓娓道来。让我们看到了农村一线教师为了培养学生核心素养的坚守和实践，也看到了新时代青年教师的教育情怀。

四天的培训，双峰名师们展现出名师应有的风采：每天的学习都由小组推荐学员当主持人，主持人都会安排轻松愉快的课前小热身，拍手、踩脚、扭腰，抑或拥抱、握手……学员们每堂课都听得非常认真，并积极参与到讨论中；有意见分歧时，还当堂展开激烈的辩论；每天两篇简报都是第一时间做好并上传，文字加上图片做成美篇分享；为了完成好作业和研修任务，班长刘娟和学员们晚上都勤勤恳恳地待在教室加班加点……

三、学员畅谈收获

四天的培训，学员们收获颇丰。摘录几段，一起分享。

龙江南：起初，我一直认为"科研""课题"这样的词语离我很远。我有时也上点公开课、写点小论文，但大多数时候只是埋头做个教书匠，认为教好书就行。但今天张希婷老师告诉我，尽管处于农村中学，但只要不断学习、认真钻研，我们也可以做科研型教师。唐良平教授手把手地教我们如何申报课题、如何拟课题题目、如何开题、如何结题……以后，我将不断反思、加强实践。

谢丽琼："听君一席话，胜读十年书"。今天，唐教授传道解惑，深入浅出地为我们带来了如何从问题到主题开展课题研究，让我们不再是雾里看花，而是豁然开朗。

贺中元："高山仰止，景行行止，虽不能至，然心向往之"。今天两位专家的精彩讲座拨开了我们眼前的迷雾，也照见了我们内心的彷徨。名师不以为名而名从之，那就让我们潜心修炼好自己吧！发挥好名师的辐射引领作用。

四、祝福与展望

结业典礼上，幽默风趣的汤新文主任对学员们说："四天时间，我目睹了双峰名师的风采，见证了双峰名师的成长，你们是我见过的最热情、最活跃、最认真的学员，希望你们能把所学到的东西带回双峰，在以后的教育教学中多实践，由名师向专家型教师迈步。"睿智美丽的班主任陈倩澜老师深情地说："生命中除了爱，其他都是行李，希望我们双峰的名师能带上爱与教育理念返回双峰，希望今天在长沙教育学院种下的种子，来日能在双峰的大地上生根、开花、结果……"

　　一次相识、相知、相学，终生同道、同志、同行。一事精致，便可从容；从一而终，就是深邃。我们不仅要追求"一枝红杏出墙来"的美景，期望"春色满园关不住"的喜悦，更要实现"待到山花烂漫时，她在丛中笑"的共同愿景！双峰名师们将与智者为伍，与良善者同行，追求卓越，争做科研型教师。

研修力促教育教学C位出道

——读《研修，教师的生存常态》有感

　　"书山有路勤为径，学海无涯苦作舟。"人生，就是一个不断发现自己、成长自我的过程。娄底市师培中心开展的这次读书活动，让我们的研修之路充满动力和热情。认真研读《研修，教师的生存常态》后，我有欣喜之情，怀感恩之心。感谢师培中心及名师工作室为我们送来的心灵鸡汤，其营养价值之高，收获之大溢于行文。下面，我将对比自己过去十八年的教育教学之路，尽情分享个人的所学、所得、所思、所想。

一、确立目标，增强自信

　　"教育就是一棵树摇动另一棵树，一朵云推动另一朵云，一个灵魂唤醒另一个灵魂。"作为一名老师，我们干着太阳底下最光辉的事业，从事着阳光底下最崇高的职业。社会发展要求教师具有较高的教育智慧、教研水平、研修能力。所以，打造一支研修型、智慧型、发展型教师队伍势在必行。确立研修目标、珍视自信才能满足更豁达、更乐观、更积极、更求实的自我要求，才可实现出类拔萃、彰显自我价值。

　　每个老师的潜力和才能都是无限的，但必须先确立好个人提升目标，并极力挖掘和加以打造。就如我，先确定研修目标，接着确定每次赛课的名次目标，通过自己的不懈努力和奋力拼搏，花了三年时间从一名普通老师打磨成娄底市骨干教师、娄底市小学品德与社会名师工作室核心成员、双峰县名师。为了能在小学品德与社会名师工作室有所建树，我字斟句酌地写下了个人三年研

修计划，按部就班地完成工作室布置的各项研修任务；并力争再努力三年，达到有实力、底气与市内外名师抗衡的目标。但这注定是一条曲折的道路，看似光鲜荣耀实则五味杂陈，成长历程实属艰辛。

"人来到世上并不知道他会成为什么样的人，只有去撞击每一个可能成功的暗点，才能擦出成功的火花。"窦桂梅老师的课之所以能多次取得"一鸣惊人"的效果，恰是她多年静心学习、热心研究、诚心思考、潜心教学、迎接挑战的结果。由此可见，教师个人的成长不都是柳暗花明、星光灿烂，常常会有山重水复、披星戴月。在此，我想和大家共勉：若想超越自我，在教育教学这条路上越走越远、越钻越深并声名鹊起，还得自强不息、严格自律、上下求索。

二、讲究方法，智慧成长

"书中自有黄金屋，书中自有颜如玉。"在研修过程中，我们应该讲究方法。阅读是教师专业成长的必由之路，是知识传承的桥梁，更是培植智慧的工具。读书是教师的看家本领，必须融入日常生活中去。读书之于教师，就应该像鱼恋水、蝶恋花。只有这样，教师才能以自己的书卷之气去熏陶学生，使学生热爱读书，成为书香社会的"香之源"。

一名优秀的老师，要想实现快速成长，在互动合作中交流是必不可少的环节。我们可以直接通过人与人、人与网络、人与社会进行多方位、多角度的交流。交流是一扇窗户，可以让我们看到另一个世界。通过教学交流、观点碰撞，我们可以打开视野，可以实现相互启发、互相切磋、双边鼓励、共同提高。

回顾近几年我的成长心路历程，确实离不开众多有用的书籍，而每天保持四小时雷打不动的阅读的习惯让我受益匪浅。有很多回，因为白天工作太忙无暇看书，我不得不开启夜读模式，是万籁俱寂的夜读丰盈了我的灵魂、充实了我的头脑、增长了我的见识。当然，读书若想要效率高，也得讲究方法，我们不能仅仅停留在浏览、消遣上，而应该读通、读深、读透，学会创造性阅读。近几年，我还多次赴长沙及娄底的其他县市听讲座、示范课，当主持人，进行学科深度交流，每一次活动都是一场洗礼、一次提升。我相信将来的我，一定会感谢今天努力付出的自己！

三、立足学生，扎根生长

"教是为了不教。"所以，学也是为了不学。作为一名新时代的教师，我们应该努力向蜜蜂学习，以学生为本，博采众蜜，向下扎根、向上生长。"学者未必是良师"，仅仅通晓学科性知识并不意味着能成为好老师，还得与时俱进，掌握先进的教育理论，只有将学科知识和教育理论完美结合，才能在教育学生时处于主动地位且游刃有余。

在此，我也必须深刻反省。在我的教育教学中，尚且存在一些问题。比如，对待学困生，仍存操之过急的情形；有时忽视学生心理，过度关注他们的学业成绩；课堂教学中，师生互动及对话能力的培养力度不够；等等。教育教学、教研教改之路，是一场长途跋涉，我应该边教边学、且行且惜、立志成长。

四、明确方向，成就未来

苏霍姆林斯基说过："没有自我教育就没有真正的教育。这样一个信念在我们的教师集体的创造性劳动中起着重大的作用。"因此，教师的自我教育与研修具有举足轻重的作用。教师能否坚持不懈地进行研修，不但关乎学生成长、学校管理、教育改革和社会发展，而且与教师的成长和发展密切相关。研修方向必须把握准确，知道自己从哪里来，要到哪里去，该怎么走，有谁同行，要走多久。

娄底市的名师工作室自建立以来，对我们这些草根教师的帮助是巨大的！不仅让我们开阔了眼界、丰富了知识、扩大了人脉，还使我们的参赛机会增多，各种能力飞速提高。为了一份共同的教育梦想，我们心往一处想，劲往一处使，共同守望那份教育情怀。泥泞处，我们相互拉一把；迷茫时，我们互相鼓劲帮衬。团队的打造很重要，因为一个人可以走得很快，一群人才能走得更远。简单的事情重复做，我们迟早是行家；重复的事情用心做，才能最终成为赢家。前行的路上，有你，有我，还有他……

往后，我将勤于阅读，乐于思考，敢于挑战，善于改正，认认真真研究，扎扎实实探索。因为我们走在一起，有一份共同的责任——为孩子们的未来奠基，让教育的光芒照亮千万孩子的心空！让你我勇敢向前，逐光而行，无问西东！

站在梦的终点

——湖南省第二届乡村优秀青年教师培养高端研修班札记

成长着，苦乐如歌；蜕变着，化蛹成蝶；12月的色彩很鲜艳，12月的日子很充实。2018年12月11日，湖南省第二届乡村优秀青年教师培养高端研修班学习进入第二天。上午8：30，培训正式开始。当天，我们带来了几道不一样的"时尚配餐"。

首先登场的是上午场的主持人——"开胃小吃"刘雅静老师，她言简意赅地介绍了上午给我们做讲座的龚明斌主任。风趣幽默的介绍让全班同学"胃口大开"。简短的"开胃活动"之后，老师们热烈欢迎龚主任的到来。

我们的"营养高汤"——"营养大师"龚明斌主任，他朴实而亲和，儒雅又率性，和大家分享了《基于核心素养培育背景下的教育改革》，从肩负时代重任、培育核心素养、推进教育改革三个方面娓娓道来，讲座中的多个核心素养案例来自到现场听课的高研班老师们所在的学校，我所在的双峰县城南学校也有幸在列。他的用心良苦让在场的老师惊叹。龚主任强调：作为新时代的老师，我们要适度进行价值引领，培养学生正确的价值观，努力为党育人、为国育才，培养有中国灵魂、世界眼光的学生；注重培养学生的核心素养，教育学生学会求知，学会做事，学会共处，学会做人；没有爱就没有教育，没有兴趣就没有学习，教书育人在细微处，学生成长在活动中，推进教育改革势在必行。

"美味点心"喻文龙老师用大视野、大境界、大格局、大情怀来总结龚明斌主任的讲座，并感谢龚主任的高位引领和无私分享。

稍做午休后，美丽、温柔、大方的"餐后水果"雷静老师拉开了下午场培训的序幕，她介绍了研究领域涉及教师教育、数学教育的贾腊生主任。

"特色主餐"贾腊生主任给我们送上了讲座《核心素养与积极心理教育》。贾主任有求真务实的学术精神和运筹帷幄的强大气场，他生动形象地从核心素养与立德树人的关系，引人入胜地讲到学科核心素养的形成与发展，再过渡升华到心理健康教育、积极心理教育，最后阐述点化了教师积极心理的养成，并指出：作为湖南省的乡村优秀青年教师，我们要克服职业倦怠，做专业的教师；开放发展，做幸福的教师。贾主任用生动有趣的事例、风趣幽默的话语，带我们走进心灵深处，通过分析人的心理结构，了解心理基础，解锁心灵密码。笑声、欢呼声、赞叹声，"香飘四溢"于整个教室。

"水果沙拉"周国良老师做总结，他说到核心素养是当今教育话题的热点，作为一线基层老师、行政管理者，今天的学习干货满满、实操多多，他受益匪浅、感慨良多、豁然开朗。

只有站在梦想的终点，才不辜负我们的青春。教育是事业，事业的意义在于奉献；教育是科学，科学的价值在于求真；教育是艺术，艺术的价值在于创新。一天的美味大餐之后，我们能量爆棚，相信能量会转变为力量，力量可内化为行动，行动转化为责任。我们要立志做新时代的"四有"好老师。

培训结束后，我组成员留下培训感言。

刘娟："高山仰止，景行行止，虽不能至，然心向往之"。我激动，我快乐，因为我正带着浓厚的教育情怀，努力追寻省内外专家、学者的脚步，行走在无比幸福的国培路上！

宋绪潇：专家话语，萦绕耳畔，用心育才，用爱育人。

刘雅静：最好的陪伴就是成长，争做让学生都能有所进步的班主任。班主任要不断学习理论知识，更要打通理论与实践之间的"最后一公里"。

殷晶：在学习中成长，在成长中实践。学会交流，学会进步，学会思考，学会终身学习，一堂课，一辈子！

李莎：没有爱就没有教育，没有兴趣就没有学习，教书育人在细微处，学生成长在活动中。感恩遇见的一切，定将所学所悟落实到将来的教育事业中！

周国良：又一次参加清华大学班集中培训，分外珍惜。学贵有疑，且思且行。一定将所学的知识与工作实践结合起来，积极探索，成为更好的自己，帮助更多的人成长！

刘慧：走出原来的圈子，总能看到令人赏心悦目的世界。敬佩专家们丰富的智慧底蕴、独具匠心的课程设计。学员们才华横溢，他们专心致志的学习精神，激励我不断前行。

蒋金艳：领略专家风采，每天的课都是一场视觉、听觉与思想的盛宴！

喻文龙：术道兼修，夯实学养，德泽学子。

雷静：站在巨人的肩膀上才能看得高，望得远，谨记"学思践悟研"，走好教育路上的每一步！

颜君：本次培训如一股春风，吹拂着我的心灵之窗；如一把钥匙，开启了我的心灵之门，使我时刻记住"学高为师，德高为范"。

杨萍："要给学生一杯水，教师要有一桶水。"作为一线教师，要坚持终身学习，不断更新知识。只有不断增加自己桶里的水，才能满足学生的要求，才能更好地为教育事业献力。

痴心于做叶的事业

——记双峰县永丰镇城南学校校长王维民

泰戈尔说过："花的事业是甜蜜的，果的事业是珍贵的，让我干叶的事业吧。因为叶总是谦逊地垂着它的绿荫。"每每想到这句话，老师们总是不由自主地把这"叶"联想到双峰县永丰镇城南学校王维民校长，感同身受地认为这是对王校长最好的写照。因为有了这片"叶"，城南学校充满了无限的生机，正所谓"一枝独秀衬托春，兢兢业业春满园。呕心沥血扑教育，方方面面换新颜"。王校长以严谨务实、求实创新、克己奉公的工作作风给学校的发展带来了活力，同时深深地感染、激励着全体师生。

一、印象

人们常说有什么样的校长就会有什么样的学校。在和王校长的交流过程中，你不难发现他是一个细心、和蔼、开朗、幽默和睿智的人，另外，你也会发现他以一种独特的思维方式与你进行交流而不显得生疏，这是初识王校长的人对他的大致印象。

回顾城南学校的发展，你还会对王校长有更进一步的了解。城南学校从创建至今，他给大家更多的印象是有韧劲、有魄力、有远见，在重视学生学习的同时注重教师和学生的德育协同发展，在师生心中颇具威望。这就不难理解今日的城南学校为何会有如此骄人的成绩。每一位老师、学生和家长也都坚信，在王校长的带领下，教师的工作、学生的学习都会有更多的收获。

二、工作

工作中的王校长，雷厉风行：凡是自己说过的话，他都能落到实处；凡是要求老师做到的，他都先去做好；凡是要求做的，他都能做到最好。

难忘"家访月"期间，为了等一个不在家的学生家长，晚上10点钟他还带领一帮老师在凄风冷雨中守候，一直到家访快结束时，仓促的手机铃声及同对方的通话才让我们了解到他身患尿毒症的父亲正在送往医院抢救的途中，对于他而言，真是忠孝两难全啊！不记得有多少次，他送走最后一个晚自习生，察看好校园，最后一个披星戴月地回家；不记得有多少次，为了学校的发展，他上下奔走，不达目的不罢休；不记得有多少次，他为了青年教师的快速成长，深入课堂听课，并认真点评；也不记得有多少次，他跟普通教师一样，接过红笔评月考试卷，不评好不离开；更不记得有多少次，他敏锐地捕捉到老师们脸上的表情，及时做好思想疏导工作……在这样有一股"牛"劲的校长的"鞭策"下，学校的养成教育进行得如火如荼，各项常规教学井然有序，青年教师业务素质突飞猛进，教育教学成绩斐然。

"做事以实为基"，这是王校长在各次会议上多次提到的一句话。要真正践行"干实事，求实效"，并非那么容易，而他却把这种精神诠释在每一个细节中。教师办公室卫生是个老生常谈的问题，以前想过不少办法，效果仍然不显著。为了整顿这一陋习，他硬是将教师办公室卫生写入《城南学校养成教育班级管理评分细则》。关系到班级量化评分的问题，教师们自然而然重视了。通过王校长的科学管理、潜移默化的引导，行政班子的团结进取，教师队伍的爱岗敬业，学校良好的校风、教风、学风和班风逐渐形成。

王校长注重以诚用人，坚定办学信仰，清晰办学思路。他常说要想把学校办出特色，就必须走出应试教育的怪圈，他以实施素质教育为主题，以改革课堂教学为重点，结合学校的实际情况，确立了以"重视过程，关注细节，求真务实，探究创新"为办学理念。如今，城南学校以综合实践课为龙头的特色教育体系、因地制宜开展的"阳光体育课间大活动"、教育教学追求的高质高效模式，赢得了家长与社会的广泛认可。"一名好校长就是一所好学校"，社会上用这句话来评价他，客观而又实在。

三、为人

王校长经常说这样一句话："做人以诚为本，工作中要敢于讲实话、求实理。"无数事实证明，他就是这样一位敢作敢当、淡泊名利的校长。济济一堂的教师大会上，他把个别教师做得不当的地方指出来，把校务会成员中存在的问题摆出来。这样的耿直率真，其实也招来了个别教师的反感和不解，但事后王校长会找到这些受批评的教师——解释并妥善处理。由此，他虽然也得罪过一些人，但随着时间的流逝，大家也都觉得王校长对事不对人，指点得在理。在当下的社会，给你指出错误的人，其实才是真正关心你成长的人。

"低调做人，高调做事"，是王校长处事做人的风格。虽说担任了校长一职，但他始终把自己摆在与教职工同等的位置上，也以学校的规章制度约束自己。任校长一职以来，王校长总是把学校评优评先的机会让给他人，把学校当成自己的家，勤做事、多奉献、不索取，处处为教师着想，很少考虑个人得失，淡泊个人名利。他总是想教师之所想，急教师之所急，积极筹措资金，为学校和教职工办好事、办实事。他先后改善了学校食堂就餐环境，给教师办公室添置了电暖桌，组织全体教师外出考察学习，修建了停车棚……他总是努力创造条件，以让教师全身心投入教学工作中。

四、成绩

2007年，在县委县政府的决策下，创办了城南学校。从此，王校长就走上了带领全校教职工拓荒、创新、发展之路。锐意进取的校务会班子中有他出谋划策的身影；整洁干净的校园中有他不辞劳作的背影……王校长第一次体验到了学校法人代表的艰辛。几年来，他带领教职工艰苦奋斗，硬是在一张白纸上绘就了城南学校真实的蓝图，在双峰教育界声名鹊起。2009年中考，全校仅73人参考，23人考取双峰一中，其中有2人进入理科实验班；2010年中考，全校有69名学生考入了双峰一中，其中有3人进入理科实验班。近几年来，学校先后有58名教师在省、市、县三级优质课、论文比赛中获奖，有40名学生在省、市、县的作文竞赛和数、理、化、生奥赛中取得佳绩。学校先后被省、市、县评为"湖南省青少年普法教育示范基地""人防教育示范基地"；获得"教研教改重点指导单位""目标管理综合评估一等奖""学校管理年优胜单位""优秀领导班子"等荣誉。

而今，城南学校被群众誉为"免费的公办的实验学校"，在永丰镇的大街小巷已达成共识。每到开学初，来城南学校求学的学子络绎不绝，已经人满为"患"，城南学校达到了开办之初领导给其所定的目标："高起点，高规格，高质量"的人民满意的学校！

五、寄语

二十余年的教育历程，王校长不论是在教学第一线还是在行政管理岗位，总是能创造出属于自己的一片新天地。大家都坚信，一位有信仰的校长肯定可以树立一种崇高的办学理念，实施到行动中将会带动一批有抱负的教师，成长一批有远大理想的学生。

在王校长的引领下，城南学校的各项工作正朝着良性循环的方向迈进。教师安教、乐教、善教，学生好学、会学、乐学已成定势。工作并成长在这样的环境中，犹如在烈日下有了绿荫的庇护，从某种意义上来说，王校长就是形成绿荫的"叶"。

让我们再回眸到本文的开头："花的事业是甜蜜的，果的事业是珍贵的，让我干叶的事业吧。因为叶总是谦逊地垂着它的绿荫。"王维民校长的教育事业是"叶"的事业，无须渲染，来日自有花香飘远！

从"负负得正"说起

多年前的一个电视访谈节目里，袁隆平院士亲口说了一个细节——他在读初中时，问了他的老师关于有理数的乘法法则：负负得正，道理是什么？老师说：你记住就行了。袁院士认为数学不讲道理，于是对数学就不那么感兴趣了。

那么，袁院士的数学老师的问答是否合理呢？负负得正是有理数乘法的法则，真要说清楚非常不易。人教版教材几十年来都是用向东走，向西走；再向东走，再向西走的方式来解释。以致有人在回忆初中学数学时写到：我们的数学老师真傻，总是向东走、向西走。在此我声明一下：人教版原来的教材教正数与负数、有理数的加减法与乘法都是用向东走、向西走的图来说事的，学生有意见正常。其实，用向东走、向西走也不能解释清楚为什么负负得正。曾经一位教数学教学法的大学教授写了一篇文章来解释负负得正，结果还是不得法。后来，我查阅了许多资料，发现真的要证明负负得正非常困难，即使写出来，学生一定看不懂，甚至许多老师也看不懂。那么，只能死记硬背了。因此，袁院士的数学老师的回答是没有错的。袁院士刨根问底的学习精神也是值得赞赏的，只是限于当时的知识水平，只能到此为止。

由此想到数学教学，是不是任何东西都要说明来龙去脉呢？答案已经很明显。那哪些知识要讲得清清楚楚，哪些知识只需囫囵吞枣呢？如果将教研中的这些问题搞清楚了，既可减轻老师的教学负担，又可减轻学生的学习负担。

在小学，我认为许多知识不必刨根，只要有所了解就行。凡是与初中、高中有联系的知识，或者说还要继续学习的知识，不要对其理论刨根，只要知道为什么这样做就行了，不然就会加大知识难度，人为造成学生学习的障碍。例如，长方形与正方形的区别，在小学根本就不要提及，到了初中学了特殊四边形，自然就清楚了。

小学可以这样定义长方形与正方形：像图4-1的图形是长方形，像图4-2的图形是正方形。

图4-1   图4-2

这里，长方形和正方形是采用图形举例方式定义的。也就是说，对小学生而言，像图4-1的图形就是长方形，图4-2与图4-1是不像的，所以不是长方形。

初中教材中，长方形称为矩形，有一个角是直角的平行四边形是矩形，邻边相等的矩形是正方形。这样严格定义长方形与正方形，正方形是特殊的长方形就非常清楚了。

在小学教学中，有些老师喜欢给学生讲正方形是特殊的长方形，小学生是很难理解的。因为课本上明明说图4-1是长方形，图4-2是正方形，怎么图4-2也是长方形了？因此，在小学中没必要讲今后要学的知识，有专家和老师认为这是铺垫，其实不然。

三角形内角和是180°，在小学、初中都要学。那么，小学只需告诉学生有这个结论，结合量、拼等方式，让学生感受到三角形内角和是180°即可。更重要的是，小学通过量得出内角和，量的结果往往不是180°。小学要重点培养学生的质疑精神，而不是各种不同的量、拼的方式。初中是学证明，从严格的逻辑推理上证明三角形的内角和是180°。

在小学，正整数、小数、分数的四则运算必须学好，在以后的学习中不会再系统学习了，我们也不能刨根运算理论，只能做出适度的解释。例如，异分母的加法为什么要通分，其实没必要讲分数单位，举一个反例就行，如 $\frac{1}{2}+\frac{1}{2}=\frac{2}{4}$，

显然不对，因为 $\frac{2}{4}$ 就是 $\frac{1}{2}$，$\frac{1}{2}+\frac{1}{2}$ 怎么可能还是 $\frac{1}{2}$ 呢？所以必须通分才能相

加，比起说因为分数单位不同，所以才能相加简单得多，学生也非常容易懂。到了初中学分式加法时，讲通分时就彻底弄明白了算理。

我认为小学数学教学要简明扼要，不要故弄玄虚；而教数学的最高境界是将复杂的问题简单化，教得通俗易懂，教得明明白白。但愿老师们将数学教得浅显易懂，让孩子们都喜欢并爱上数学。

收获果实清芳

　　落红深处有冷暖，世事沧桑也寻常。从教以来，我尝遍了酸甜苦辣，流过了汗水与泪水，也收获了鲜花与掌声。那些逝去的点滴与过往，都是岁月的一种恩赐。因为我知道：所有信手拈来的从容，都是厚积薄发的沉淀；所收获的每一枚果实，都散发着醉人的清芳。

通往知识源泉的"引路人"

——读《高效课堂22条》有感

怀着对教育的信仰和对新知识的渴求，我认真读完了李炳亭所著的《高效课堂22条》。该书是国内第一本从实践层面论述"高效课堂"理论的教学工具书，李炳亭先生从"途径和方法"入手，结合新课改的理念和一线教育的实践智慧，创造性地提出了实用、系统的高效课堂"方法论"。当前，课改是教育者们共同探讨和研究的一个重大课题，书中的杜郎口经验给了我耳目一新的感觉：教师代表着教育者的生命姿势，是通往知识源泉的"引路人"。书中对老师的引领作用做了细致入微的剖析，强调把课堂还给学生，才能让教育达到鱼游大海、鸟归山林的境界，强调放手就是爱，开放的高效课堂让老师"全身而退"。作为教育工作者，能读到这样的著作，真是一件幸事。在今后的教育实践中，我将从自身做起，尽自己微薄之力，助孩子们破茧成蝶，翱翔于知识的天空中。

一、通往教育的幸福之路

教育需要"力行"，高效课堂需要"路径"。高效课堂教师要关注学生弱势群体，从最后一名学生教起，人人成功才谓成功，唯有"水涨"才能"船高"。当今社会，人们都把幸福指数挂在嘴上，大人要幸福指数，学生也得追求幸福指数。一个几十人的班级，成绩好的学生还占不到一半，但并非成绩好的学生今后才有大出息。通过调查，有很多尖端行业的出名人物并不全是成绩好的。所以作为教育人，不能一味地把后进生"一棍子打死"。也许正是教师有后进生歧视，才使得学生们把自己的母校说成"文明监狱"，才使得有校园诗人曾激愤地写道：那些操场，是舞动"亡灵"的坟场；教室，是我们青春的墓地……

教育为何让人失去了幸福感？教师不幸福了，苦于这太阳底下最光辉的事业，苦于孩子的厌学、斥学；孩子不幸福了，苦于家长的唠叨，苦于老师的教导。没有幸福感的学生会成为学习的机器，成为教育体制下的读书工具，成为家庭、社会利益驱使下的教育牺牲品。长此以往，教育之花能常开不败吗？于是我们一直在寻觅与探索一条通往教育的幸福之路，让我们的孩子不再被束缚在学习中，而是如彩蝶一般在知识的海洋中赏花觅蜜，品尝知识的甘甜。

二、还孩子一个天真烂漫的童年

《高效课堂22条》中"三个典型"之一——乡村学校的奇迹告诉我们，教育就是归还，教师无权鸠占鹊巢。教师如果不能早一点解放思想，早一点领悟到教育的真谛，那就只能是一只坐井观天的井底之蛙了。而我是绝对不愿意成为目光短浅的井底之蛙的。天高任鸟飞，海阔凭鱼跃，学无止境。止步不前，只会让自己日益落后。

不知从何时起，我们的孩子开始很忙了，除了平时在学校上课，家长还会送他们去这样或那样的培训机构补习，另外还有各种各样的兴趣爱好补习班，如音乐、舞蹈、美术，家长生怕自己的孩子落后。不管是盲目跟风还是家长自己的主观意识，反正孩子真的很忙，忙得不知道什么叫作玩。城市的孩子就是被家长从一个补习班送到另一个补习班，丝毫谈不上放手。在课堂上孩子被灌注各种各样教师认为很有内涵却很难消化的知识。我们的孩子开心吗？我不由自主地想起了自己的童年，我的童年是在农村度过的，乡村的老师有一股浓烈的乡土气息，不是名牌大学毕业，但是为人淳朴、善良，把我们当成了自己的孩子。课堂上风趣的笑话、富有文采的谈吐、被加工过的课堂趣味知识，让我轻松地遨游在知识的海洋里。那时候开始，我就在编织一个美丽的梦：成为一位知识渊博、让自己的人格魅力能够感染学生的老师。那时的我好动的天性在课间课后得以施展，跳皮筋、捡石子、抓鱼、游泳、捉鸟……忆起自己的童年，我总会忍俊不禁。

现在作为一名小学老师的我，不仅给孩子们一个宽松的学习氛围，还会适时地跟孩子们的家长进行交流。可怜天下父母心，还孩子一片自由的天空，也许他们的生活会更加精彩。为了让孩子爱上课堂，课堂上我会抽出两分钟时间给孩子们讲一段关于课堂知识的趣味小故事，等孩子兴趣被调动，我便会开始我的教学内容。兴趣是最好的老师，有了兴趣，课堂就活跃起来，孩子可以各抒己见，在趣味中学习，丰富而不乏味。一个活跃有趣味的课堂，能让孩子尽情地在玩中学，在学中玩。当然，我也是一名孩子的妈妈，我能切身地感受到家长的心情，家长会上我经常提醒学生家长，还孩子多一点自由的时间，兴趣爱好要让他们慢慢去寻找、摸索，光靠赶鸭子上架，盲目跟风培训，结果将是两败俱伤，劳财伤身。让童年多点乐趣，不要让孩子回忆起童年来都是昏暗一片。放手让孩子去做他们自己想做的事情吧，还孩子一片蓝天，还他们一个天真烂漫的童年！

三、教师要不断发掘自己的"能量"

除了对学习有浓郁的兴趣，能力的培养也尤为重要，"授之以鱼，不如授之以渔"。在学习新的课文时，我不仅要让学生学会朗读朗诵，学会生词新句，学会修辞手法，还要他们学会如何学以致用。对于有感情地朗读这一块，我的要求比较高，首先，除了听标准的录音，还会让学生跟着录音读几次。其次，我会严格要求孩子的发音与语速，我一直觉得语言的表达对于孩子的未来非常重要，温文尔雅的谈吐是一个人能力与魅力重要的体现。当然，我对自己的要求也很高，做到声音优美、咬词清楚、发音标准、语速适当是我对自己一向的要求。我要让自己成为孩子的偶像。偶像效应，收益颇显成效。看着孩子摇着小脑袋，带着丰富的感情朗读，我颇感自豪。

我把"学以致用"当成检验学生学习成果的金指标，所以课堂上用生词造句尤为重要，如果孩子能灵活地应用生字生词组词造句，就说明他们能完全理解与应用。偶尔，我的学生还能现学现用，在日记里总能画龙点睛地用上一些精彩的词语。作为一名老师，要教给学生一滴水的知识，自己得有一河水，在培养学生"学习力"的同时，也得积累自己的"正能量"。教师只有终身学习，才不至于被这个知识爆炸的时代所淘汰。

四、课改的真谛：解放学生、解放教师、解放学校

《高效课堂22条》中提到的高效课堂模式让我拍案叫绝，高效课堂的各种亮点可谓百花齐放、各有千秋。它让自学成为学习的别名，让孩子从最初被抱着走到被牵着走，最后可以自食其力地跑着走。这样的课改，让教育以一个全新的姿势展现在我们面前，前景之光明，毋庸置疑。

高效课堂宛如一阵春雨苏醒了大地，它将是教育走向幸福的必由之路。有了它，教师有了新的法宝；有了它，孩子们有了通向未来的金钥匙；有了它，课堂将妙趣无限；有了它，学校将变成学习的俱乐部；有了它，教育将迎来辉煌美丽的春天。《高效课堂22条》中提到，革命要彻底，作为一名教育的践行者，我能做到的是将高效课堂更好地运用于教学实践中，如何更好更快更彻底地实现高效课堂的教学模式，还有待我们进一步探索与实践。"路曼曼其修远兮，吾将上下而求索。"我相信一个实现学生解放、教师解放、学校解放的全新时代即将来临。

长大后我就成了你

假如我可以搏击长空，那是您给予我腾飞的翅膀；

假如我做击浪的勇士，那是您赐予我弄潮的能力；

假如我是不灭的灯塔，那是您指引我航行的方向。

——题记

二十年前，我还是一个迷茫困惑、学而不厌的初三学生。

二十年前，您还是一个润物无声、诲人不倦的初三班主任兼英语老师。

二十年后，您桃李芬芳，却依然坚守在教育教学一线；而我也追寻您的脚步，做了一名平凡而又普通的老师。

记忆的闸门像溃堤的坝，仿佛又回到了曾经的那些青葱岁月……

回忆篇

当年的杏子铺镇丰瑞中学，是双峰县境内初中教育的一张响亮的名片。当时很多双峰县城和外县市的学生舍近求远、踏破门槛来求学。这里，教学严谨，学风浓厚；这里，远离闹市，读书环境得天独厚，教师育人勤勉奋发。曾经的一草一木，一丝一缕，我记忆犹新……

四层的教学楼，那是我从初一到初三努力拼搏的地方；教学楼后面的学生宿舍，成了无数届学生寻梦的宿营地；两层的教师宿舍，是众多住校老师描绘蓝图、意气风发之所；那栋低矮的食堂，吊足了师生们的食欲；那满是黄土、泥沙的操场，是学子们追逐嬉戏、锻炼体能之地……

忆往昔峥嵘岁月，满心激情再澎湃。当年的老师，一茬又一茬、一批又一批：有年轻有为、治校有道的黄胜华校长；有英俊潇洒、做事利索的刘健老师；有与人为善、爱生如子的曹广全老师；有文质彬彬、才识过人的曹双喜老师；有漂亮大方、能歌善舞的刘文辉老师；有刻苦钻研、学业有成的胡炎平老师；也有平易近人、才思敏捷的胡鲜吾老师；更有个性十足、幽默风趣的罗建宝老师……

曾记否——演讲比赛现场那激情燃烧的一幕幕，奥数比赛过后老师们挑灯改卷的情景，中考誓师大会上黄校长的谆谆训词，为迎接中考体育测评而拼命练习投掷铅球挥汗如雨的场景……

一切的一切，仿佛近在咫尺，可又已漂洋过海！

相见篇

什么是师生情？二十年不见，仍然一见如故。什么叫师生缘？二十年不见，仍然相谈甚欢……

尽管离开母校二十年，但那份情真意切还在，那种师生情缘还有，那些血浓于水的乡情仍存。某日，冒昧接受一微友的请求把对方加为好友，不承想对方竟是杏子铺镇一所中学的校长，感谢他圆了我多年打听初三班主任罗老师电话的梦。

人的一生，确实有很多让人无法解释的奇遇！电话打过去，罗建宝老师便马上想到了当年（89）班那个刘娟（罗老师教过三个刘娟），我有点小惊喜。在一番寒暄后，我提出要去双峰七中看望他，他满心欢喜地答应了。之后的几天，我都心不在焉。也许是"日有所思，夜有所梦"，睡梦中的我又一次回到了母校，那个促我学习成长、伴我青春飞扬的丰瑞中学校园。操场的风沙向我吹来，我闻着泥土的气息，伴着琅琅读书声，又回到了初三的课堂。罗老师正在用纯正的美式英语给我们上课；黄老师正在给大家详尽讲述"三个代表"；向老师正在口若悬河地讲解分子式；陈老师不断地提醒大家1898年的"戊戌变法"用双峰话读最容易记住；曾老师的数学课反复地讲解几何解题方法……

第二天，我起床后第一件事情便是打电话给罗老师，告知我下午去七宝中学看他，他爽快地答应了。下午，在先生的陪同下，我来到了七宝中学，罗老师站在他家的窗台前给我指路，那神态、那气势，一如二十年前，但他的身体却干瘦了许多，让人难免心疼。在交谈近两个小时里，我认真地聆听着他的教育心声，也明白了眼前的这位老师不求名利，唯把培养学生、教好学生、帮助学生当成己任。这样的老师在当今这个社会中实属难得！

忆及1998年临近中考时的那次摸底考试，作为多次考全校第一的我，由于失误，数学仅考了78分，感到压力的我一天拒绝吃饭。罗老师闻讯后，竟然在晚自习下课后给我煮了面，守着我吃完再送我回寝室后才安心走开。我清楚地记得当时任凭家人如何做工作我都不愿意报考师范，历经此事，我暗下决心要成为一名优秀的老师。至今想起，除了激动，更是感动。师恩浩荡，师生情深，永生难忘……

展望篇

"长大后，我就成了你，才知道那支粉笔，画出的是彩虹，洒下的是泪滴……"老师是广阔的天空，拥抱迷路的小鸟；老师是跳跃的火种，温暖寒窗里的心灵；老师是甘甜的泉水，滋润路旁的小花小草。

如今，借着国家义务教育均衡发展和湖南省两项督导评估的强劲东风，大美双峰的教育环境正得到大力改善，教育投入在不断增加，教育教学质量也日益提升，双峰教育的明天将更美好！

像花汲着露，像夜伴着灯，我愿在忘记和铭记交织着的人生旅途中，与我的老师们一路同行、一起努力，心怀美好，静待花开……

知否？家风就是最好的风水

——我的家风故事

　　万丈高楼始于基，一个人价值观形成的基点是家风。"龙生龙，凤生凤，老鼠的儿子会打洞"。家风，就是一个人和一个家庭成长的"地基"，就是最好的风水。感谢我56岁的妈妈，她历尽千辛万苦，尝遍人间冷暖，耗费大量精力，一手带大并培养了我们姐弟三人。她成就了我的教师梦，实现了弟弟的建造师梦，达成了妹妹的医学博士梦。幸福是奋斗出来的，如今我们一家仍然在努力奔跑，我们都是追梦人！下面请跟随我顺着时光的脚步，走进我的家风故事。

一、独立，是最深的爱恋

　　家风，是一个人行走在世间的底气。家风所传承的独立，则是最深的爱恋。记忆的闸门像溃堤的坝，带我走进那个五彩斑斓、刻骨铭心的童年。

　　作为家里的老大，在妈妈的谆谆教导和反复督促下，10岁的我就可以包揽一家五口人的饭菜和洗衣任务。为了给弟弟、妹妹树立学习的好榜样，读初一时，妈妈费尽周折，将我送到了离家十多里的杏子铺镇丰瑞中学。她把我送到当时的丰瑞中学就读初中的原因，是该校的教育教学质量在全县名列前茅。我不会忘记，为了不让我迟到，妈妈凌晨5点就起来给我做早餐，打着手电筒送我四五里路天亮了才返程回家；我不会忘记，在我拿到全校第一时，妈妈把我的奖状贴上墙壁，当着弟弟妹妹的面大肆表扬我一番，并号召他们向我学习；我更不会忘记，为了锻炼我的独立生活能力，妈妈从初一开始就让我寄宿，使我具备了良好的生活自理能力和顽强勇敢的意志力……为了不辜负妈妈的一片苦心，初中三年我使尽了浑身解数，奋勇拼搏在学海中，并最终以优异成绩考入了娄底师范学校。

是的，梅花香自苦寒来！直至今天，我的行走底气、生活底气和工作底气其实都是源于家风，经过锤炼后，我才如此自强不息、百折不挠。

二、磨砺，是最高的学府

一个女人的最佳状态是：脸上没有风霜，眼里满是故事，笑里全是坦荡。妈妈尽管已步入老年，但比起同龄人，确实要显得年轻很多，且心态相当好，一言一行都透露着满满的正能量，像冬日里的暖阳，给人以温暖。

二十年前，为了让我们姐弟仨学会游泳，妈妈想了很多招数。最开始，她和爸爸用旧轮胎放上铝盆，把我们仨一个个推到水中，再一个个把我们抱回岸上；等我们不怕水后，再一个个把我们扔到水中，喊上我爸，头也不回地走掉，任我们姐弟仨在水中挣扎扑腾、大喊大叫、泪眼婆娑。不得已，为了保命，勇敢打败了畏缩，我们仨被逼着学会了游泳。后来，我才知道，游泳是一项求生本领，在遭遇不测时可以自救。

"塞翁失马，焉知非福。"妈妈经常跟我讲这句话。对于这句，我原来是半知半解的，但前几年，我身患重度抑郁症恰恰验证此话！抑郁症，就是不死的癌症！最严重的那段日子，妈妈停下了手里的一切工作，陪伴、照顾并带我四处看病，我情况严重到连澡也不会洗时，她甚至把我当成婴儿照料。在我吃6粒抗抑郁药也睡不着觉、整天想跳楼的情况下，她则通宵不眠陪着我，累到心力交瘁也不叫苦。终于有一天，我胖到惨不忍睹，被摧残到面目全非，且遭受有些人的冷嘲热讽时，我才突然意识到问题的严重性，并最终在妈妈持之以恒的激励、引导下，彻底打败了抑郁症，重新燃起对生活的希望，并成功演绎了羽茧成蝶！不经历风雨，怎能见彩虹？三年后的今天，我仍保持着"后生可畏、愈挫愈勇、奋发图强"的劲头……

"古董有形，传承无质，它看不见，摸不到，却渗到家族每一个后代的骨血中，成为家族成员之间的精神纽带，甚至成为他们的性格乃至命运的一部分"。是的，家风是一个家庭最宝贵的财富。而家风所传承的磨砺则是最高的学府。

三、努力，是最好的捷径

家风，是一个家庭最好的精神不动产。有了它，我们才能不卑不亢，顺遂时不忘形，逆境时不怯懦，并坚守自己的人格底线。家风所传承的努力，则是实现成功最好的捷径。

在弟弟、妹妹就读大学期间，家里的经济负担是很重的，加上爸爸那几年商场失意，如此家庭状况，也没有压垮妈妈。没有出过家门的她，努力自学电器营销，在摸清门路后，摇身一变，成了电器店老板。一个人风里来雨里去地经营着一家电器店。时光太瘦，指缝太宽，一转眼已十二年。在我们姐弟三人的极力劝说下，她终于把电器店处理了，本想着可以让她在遵义妹妹那儿安心颐养天年，可她闲不住，一闲下来就浑身不自在。我们仨最终拗不过她，让她重操旧业开了一家新电器店。由于我们姐弟仨工作都异常繁忙，这家略有规模的电器店仍旧由她一个人井井有条地打理……看到她乐此不疲、津津乐道的样子，我知道她还想发光发热，还想充分体现自我价值。妈妈的工作激情和经商热情，不断激励我们姐弟仨，让我们意识到勤能补拙、勤可致富，在这个分分钟都可能被抛弃的时代，只有永葆学习力，定期把自己归零，才能遇见更好的自己。

家风的力量总在潜移默化中，好的家风就是一种生机勃勃的状态。这股温煦的家风，让我们姐弟三人有了直面生活和义无反顾的勇气。直到今天，我还是特别喜欢妈妈的那句"困难来了我不怕，我和困难打一架"。

四、传承，是最佳的延续

当你故步自封，沉浸在过去的小成就里，你将停滞不前。我56岁的妈妈，比年轻人更求上进，她不但学会了使用电脑，微信、QQ也玩得甚欢，而且为了减肥，广场舞也跳得像模像样，励志故事脱口说出，丰盛的饭菜可以随手做出……"信手拈来的从容，都是厚积薄发的沉淀""活到老，学到老"，这些话在她身上得到了淋漓尽致的体现！

我们姐弟仨受她的影响深刻，不因过去的成绩而得意忘形，不因曾经的失败而一蹶不振，不因满足自己而丢失良知，不因拼不过他人而羡慕嫉妒恨……

大千世界，芸芸众生，我们相伴而行、且行且惜，并立志向下扎根、向上生长，努力活成自己喜欢的模样，并致力把家风传承到下一代身上。

古人云：修身、齐家、治国、平天下。而如今，在社会多元价值观的影响下，每个人对生活的追求各有不同。但好的家风不能舍弃，因为它是一个人修身成人的开始，更是一个家族的精神路标和立身支柱！让我们发扬优良传统，弘扬中华文明，传承良好家风，一路扬鞭前行！

青春因教育而美丽

记得有人这样说过："生活赋予我们一种巨大而无限高贵的礼品，这就是青春：充满着力量，充满着期待、志愿，充满着求知和斗争的志向，充满着希望、信心的青春。"是的，青春是我们生命中最美丽的季节，她充满诗意而不缺乏拼搏的激情，时尚浪漫而又饱含着奋斗的艰辛。当一个人的青春融汇到一个时代、一份事业中，这样的青春就不会褪色，而这份事业也会在岁月的历练中折射出耀眼的光芒。

作为一名平凡普通的人民教师，我也一直在努力用青春和生命谱写我的教育人生。从娄底师范毕业后，我就开始跋涉于双峰教坛，在这期间，我期待过、失望过、失落过、彷徨过。但我深知：我还年轻，我还拥有青春。既然选择了教育，就要风雨兼程，苦中寻乐，教育的幸福感才会爆棚。好好回忆，细细品味，还有什么能比从事教育工作所收获的精神财富更多呢？每当闭上眼睛回首这样的场景：课堂上，看着一双双求知若渴的眼睛，能三心二意吗？节日来临，一张张饱含敬意的贺卡飞向自己，能不感慨万千吗？夜深人静，品读着家长发来的感恩之言，能不受宠若惊吗？这一幕幕，只有为人师者，才能亲历、才能感受！

2016年下学期，由于学校请产假的教师剧增，我义无反顾地接手了不同年级两个班的数学，担任一个班的班主任，还负责学校的师训工作。工作任务之重、压力之大，也让我心力交瘁、疲惫不堪。但信念在，坚强就在；奋斗在，幸福就在；成绩在，口碑就在。学生的喜爱和拥护，是我前行的方向；家长的支持和敬重，是我工作的动力和源泉。

2017年，我迎来了最繁忙、最紧张、最劳累的一年。作为学校迎国家、省级均衡发展及省级两项督导评估的责任人，我还担任了教导主任，并任教一个毕业班的数学。每天，从早上7点半入校到下午5点，我都是按照工作清单完成工作任务。暑假和寒假，我默默无闻、任劳任怨地在学校续写我的"城南教育梦"。为了装订资料，我多少次搬着比体重还重的纸箱跑上跑下；为了以更高质量顺利迎检，我经常累到手麻脚软、眼花缭乱；为了兼顾教学与管理，我的体重猛降；为了顾全家庭与工作，先生成了我呼来唤去的助手和保镖……功夫不负有心人，在领导的悉心指导和全体老师的精诚合作下，我校以高分通过国家、省级均衡发展评估和省级两项督导评估；同时，我悉心陪伴六年的（14）班学生也勇夺永丰镇语、数、英三科总分第一名。城南学校夺冠的消息一传开，家长们感谢的话语如潮水般涌来，这应该是我在城南学校七年来所收获的最高大上也最接地气的礼物。至此，我才深刻体会到真正意义上的幸福！

一个个日升日落，一届届学生走来又离去。不变的是我铿锵的脚步、灿烂的笑容和乐观的心态。"能用得着我的地方请大方地用"，这是我经常对同事们说的一句话，"给永远比拿快乐"。近年来，我乐此不疲、不求回报地辅导各学校的老师参加省、市、县的教学比武，在促进别人成长的同时，也在不断挖掘自己的潜力和智慧，促进自己不断学习和进步。

在山里长大

在山里长大，无论走到哪儿都恋着山，看到连绵不绝的山峰轮廓，看到满目的绿荫便觉得那就是老家了……

不知不觉到了这般年纪，收获着岁月带来的馈赠。走着脚下的路，忐忑或淡然，悲或喜，亢奋或冷漠。

爱该爱的人，做该做的事，说该说的话，蹚该蹚的水，如此便是一生……

眼泪在眼眶里打转，你看，山在那儿，几百年的风霜雨雪、飞禽走兽，但她不言不语，寂静欢喜。

须臾片刻，俯仰一生，还有什么能永垂不朽？你看，风里带着沙，但风不是沙的故事，沙也终究不是风的归宿，缠绵悱恻也始终到不了天涯。

我开始喜欢打量白发苍苍的老人，总希望从他们的眸子里追寻岁月的痕迹，或生命的真谛，或人情的冷暖。但是，寻不来希望，却总是失望。追寻到了被岁月腐蚀的脸、被生活压垮了的腰和被世俗浑浊了的眼睛，到最后就仅剩下了对生命的眷恋和对人情的淡漠。原来，生命将走到尽头，就没了荷尔蒙引起的爱恨别离，没了殚精竭虑的追求，也没了穷奢极欲的念头，唯剩下对死的畏惧和对生命的渴望。

我看见山在那，宛如一位历经沧桑的智者，始终沉默不语。

山里是个宁静的世界，有清澈见底的山泉，还有奇珍异果，她似乎曾经企图挽留我。

孩提时再毒辣的太阳也阻挡不了我和弟弟妹妹对山的热爱，去山里采花，去山里摘野果。山就像个宠爱孙女的外婆，总将甜蜜藏在石灰坛子里，一打开便是满心的喜悦。年年岁岁未曾失约，岁岁年年未曾改变。

都说山外才是不一样的世界，于是我狠心离开了她。

刻进骨子里的眷恋，溶在血液里，流遍全身，让我寝食难安。终于有一天，我奋不顾身地回了趟老家。我爱的山，她还是在那里，不言也不语。我发怒了，对她呐喊，但听到的仅是自己的歇斯底里⋯⋯

没错，是我离开了她，而她却未曾埋怨我。

走出了山，发现山外的世界也有山。山外的山里开着不同的花，也会结一样的果，连绵的曲线与轮廓似熟非熟。我也在那进行着我所谓的人生，看脸的颜色，说不荤不素的笑话，然后笑到龇牙咧嘴！

试图去山里寻找宁静，而人头攒涌压榨着她，我似乎已经看不见她原来的模样。她甚至还被扒光了绿衣，裸露出皮肤。若是下点雨，便会淌出黄色的血液，她依然沉默、不呻吟，只是让我觉得触目惊心⋯⋯

我想岁月到那了，我就该回去看她了。她不言不语，并不代表她没有忧伤。从山里来的人，永远都携带着泥土的气息，只有回到山里，才能找回内心的安宁。我不恋红与尘，不问对和错，唯想化为一抔土，散落在故乡的山里，风雨兼程，静静地感受她的呼吸，慢慢地聆听她的心声⋯⋯

笑着走下去

再苦也要甘之若饴，再难的日子也要笑着过，因为"笑"便是对生活最好的态度。

梁漱溟先生在《这个世界会好吗？》中写道："先要解决人与物之间的问题，接下来要解决人与人之间的问题，最后一定要解决人和自己内心之间的问题。"他强调人类面临有三大问题，顺序错不得。第一次看到这段话，忍不住拍案叫绝，仔细琢磨便觉得不对劲了。我觉得人这一辈子一直都在处理与自己内心的关系，只是儿时的内心相对纯真，无欲无求，而长大后会有各种抑制不住的欲望，于是我们更需要时时安抚好自己的内心，这样才能更好地处理物和人之间的关系。

我不太迷信，但每每到一个地方，看到菩萨，我都会去拜一拜，祈求内心安灵。我总觉得人终究还是有信仰的好，信奉善有善报，恶有恶报；信仰名利皆身外之物；信仰安身立命、随遇而安；信仰一切皆是因果，得到的便是最好的；信仰万事万物自有定数……不抱怨、不羡慕，荣辱不惊、顺其自然！安抚好内心，对人对事就不会愤愤不平，对名对利就不会执迷不悟，对恩怨情愫就不会纠缠不清。修一颗佛祖一样慈悲的心，看世事沧桑，看潮起潮落，看红尘烟雨，看跌宕起伏，看破了也就平和了，看透了也就释然了。

妹妹任教的大学有一位老师，以前是个拼命三郎，经常工作到半夜。可天有不测风云，他的妻子和母亲相继得病，让他瞬间看透，这样一位科研明星开始研究起文学。该校有些老师一脸不屑地笑话他不思进取。作为还算年轻的一辈，我虽然没有经历过这么多的岁月打磨，不敢妄自评论，但前三年所遭受的身体之苦让我知道，这应该是历经沧桑以后的大智慧。是啊，若是生命走到了尽头，还有什么放不下呢？这不是不思进取，不是玩物丧志，而是生命在石缝里开出的花。万事还是看轻点好，不念过去，不惧未来，不为情所困，不为名所累。尽自己的能力去做自己能做的事，生命不能负重太多，若超出了自己的能力，会觉得步履维艰。积极向上是必需的，知足常乐也未尝不是一种人生的大智慧。

前一段日子在微信里看到一篇文章《在薄情的世界里深情地活着》，光是这题目就让我爱不释手，里面有紫静说的一句话："从尘土里来的人，能理解开怀大笑背后的酸楚，也知道幽默是面对不完美人生的最好办法。"是啊，除了用幽默来自娱自乐，用开怀大笑来面对酸楚，我们还能怎样呢？我们有着各种不为人知的脆弱与无能，有很多掩埋很深的自卑又心有余而力不足，但是又能怎样呢？我时常自嘲说："即便是坨屎也有苍蝇飞着追，所以即使卑微到了尘埃里，我们也该拾起那点属于自己的自尊——深情地活着。"

文章里面还有一句话也很让我触动："Sorry，I forgot.You don't need me anymore."即使英语不好，我也能从这句话里读出无尽的悲凉。来人世走一遭，多情的人最大的不幸就是遇见了薄情的人，他们会用片刻的温柔骗取积蓄经年的爱恋，最后他会安然无事地全身而退，留下的只有一个人的感动。最终发现多情的人在这个薄情的世界伤痕累累、无处可逃。若是爱不起，就请别去伤害爱吧。多情的人，别在你爱的人面前丢掉自尊，这样只会让他更加不屑。不要试图踮着脚尖去争取得不到的幸福，真正的幸福是在人群间，你望过去，他正在看着你，平平淡淡，安稳一世。所以，世界再薄情，我们也要深情地活着，即便成了老太太也要怀着少女之心去相信爱、坚信情。

都说活着是一种修行，修不来辉煌的人生，至少也要修一颗纯粹的心。生命里好的、坏的，都要安然地面对。让你我怀着一颗感恩的心，笑着走下去吧！